# 七堂极简哲学课

写给大忙人的哲学启蒙书

贾辰阳◎著

北方文艺出版社

**图书在版编目（CIP）数据**

七堂极简哲学课：写给大忙人的哲学启蒙书 / 贾辰阳著. -- 哈尔滨：北方文艺出版社，2017.10

ISBN 978-7-5317-4011-7

Ⅰ. ①七… Ⅱ. ①贾… Ⅲ. ①哲学－通俗读物 Ⅳ. ①B-49

中国版本图书馆 CIP 数据核字（2017）第 215240 号

**七哲极简哲学课**

**QITANG JIJIAN ZHEXUEKE**

作 者 / 贾辰阳

责任编辑 / 王金秋

编辑统筹 / 刘志红

出版发行 / 北方文艺出版社

网 址 / www.bfwy.com

邮 编 / 150080

经 销 / 新华书店

地 址 / 黑龙江现代文化艺术产业园 D 栋 526 室

印 刷 / 北京高岭印刷有限公司

开 本 / 720 × 1020　1/32

字 数 / 200 千

印 张 / 8.5

版 次 / 2017 年 10 月第 1 版

印 次 / 2017 年 10 月第 1 次印刷

书 号 / ISBN 978-7-5317-4011-7

定 价 / 39.80 元

# 目录

CONTENTS



## 第一章 哲学概论

## 第二章
# 什么是实在



## 第三章
# 运动、时间与生死

## 第四章 思维的技巧

## 第五章
# 从怀疑论谈起



## 第六章
# 论真理

## 第七章 论自由

# 序言

PREFACE

在这个时代谈论哲学，并不是一件容易的事情。首先，从基础理论方面来看，哲学“发展”到今天，已经陷入无法自拔的困境。这一困境不仅仅是理论上的困难，也包括学者们对这一困境有意无意的忽视。这并不是什么新颖的困境，它就是人类理性的老对手：相对主义。只不过如今的相对主义打着后现代主义的旗号，披着实证主义的外衣，看起来不仅时髦，而且十分符合理性的要求。哲学在罗素、海德格尔、维特根斯坦、德里达、罗蒂等人的“批判”之下，已经欣然从理性的神坛走下，无力再去关注那些有关天地人生的大问题了。尽管这些“批判”实质上就是前提错误的经验主义的自我否定，这个结果却是各方面都愿意看到的：对于普通人来说，现实生活中的烦恼——如果有的话，已经被生活质量的提高所冲淡了，哪还有空闲去关注形而上的问题？而学者们也正好借助于这个理论的烟幕弹，躲在象牙塔里经营自己高雅的世俗生活。

其次，哲学在经历了英美语言学转向、欧陆的生存论转向之后，在方法论上已经有些晕头转向了。学者们已经不知道如何来谈论思想，哲学研究演变成历史研究，或者材料清理。在这个外行人难以窥探的领域，已经很难看到智慧的火花和理性的荣耀。哲学已经式微，学术却空前繁荣。人们不愿意捅破这层窗户纸，更不愿意承认，随着当今社会信仰的缺位，伦理的基石也会被逐渐侵蚀。康德哲学的功绩，在于划定经验常识的界限，为信仰和道德留下地盘；但这一思想的巴别塔高耸入云，人们委实难以仰止于此，便转而勘探它的地基，疑惑它所使用的材料。试图把形而上学全面否定，看似一件容易的事情，但在思想上还是前康德的水准。

不过我仍然相信，哲学在经历这次危机之后，会获得新的生命。上帝已经赦免了人类的罪恶，理性也必将面对新的问题，完成自我的救赎。那么，在当今时代，该如何来谈论哲学呢？我想，这首先是一个有关主体选择的问题。辰阳在这本书中引用了黑格尔的观点，认为普通人“本身就在坑里生活，没有能力抬头观看那更高远的事物”；另一方面，我们大概也没有十足的理由去否定色雷斯女人的嘲讽——毕竟，我们并不能要求所有的人都过那种所谓的经过反思的生活——何况，什么是经过反思的生活，谁能说得清？这也就迫使我们去回味柏拉图的“洞穴比喻”：我们是满足于洞穴中虚幻的戏剧，还是愿意接受洞外刺眼的阳光？这大概是真正的哲学家难以避免的一种喟叹吧。

当然，事情也并非总要这样一分为二。世俗生活终归也是理性的投射，思考哲学问题，也并不要求清心寡欲、皓首穷经。这本哲学启蒙书，就是在用一种折中的方式来讲哲学：我们不必要一开始就面对宏大的或困难的哲学问题，除了这些问题之外，哲学史上出现的很多问题，都和我们实际的经验有关，只是往往我们不会注意到，更不会反思它们。辰阳依据多年的积累，从专业的角度出发，把这些问题挑选出来，并做了简单的讲解和分析，汇集成册，实在是能够启发心智的哲学入门佳作。尽管读者可能并不因此就立下哲学研究的志向，能够随着过往哲人的玄思，做一下理性的体操，对于培养批判性思维，也是大有裨益的。

是为序。

岳砥柱

2016 年岁末于沙窝李

七 堂 极 简 哲 学 课
*Qitang Jijian Zhexueke*

1

# 第一章

# 哲学概论

*Qitang Jijian Zhexueke*

# 1. 鬼魅最易

《韩非子·外储说左上》中记载了一个故事，其文如下：

> 客有为齐王画者，齐王问曰："画，孰最难者？"曰："犬马难。""孰易者？"曰："鬼魅最易。"夫犬马，人所知也，旦暮罄于前，不可类之，故难。鬼神无形者，不罄于前，故易之也。

对于画师而言，鬼魅之所以易画，因为没人见过鬼魅，而犬马之所以难画，因为它们属于司空见惯的动物。讲授哲学的难度绝不亚于画犬马，因为人们对于思想的熟识程度远胜过任何动物。所有人都认为自己有思想，哪怕是个疯癫狂悖之人，也持有自己对世界的独特见解。世人生活在自己的思想和意识之中，就如同生活在阳光和空气中一样。思想是人们再熟悉不过的东西了，即便是在沉睡之时，意识也没有停止活动。因此，人们每每会觉得自己最不缺的就是思想。讲授哲学、传递思想，总免不了博人一哂的结局——"思想……还用得着你教吗？"但是，我们会禁不住想问：熟识等于理解吗？熟识是主体向外的意向，理解则是由外而内的反思。只是熟识而缺乏反思，就等于让精神走上了一条有去无回的不归路。孟子说，人们丢了鸡犬，就急着去找回来，但丢失了心灵，却不知道寻求，这叫不

知轻重。因此，“学问之道无他，求其放心而已矣。”(《孟子·告子上》)

## 2. 曲突徙薪

《汉书·霍光传》中记载了如下一则寓言故事：

> 臣闻客有过主人者，见其灶直突，傍有积薪，客谓主人：“更为曲突，远徙其薪；不者且有火患。”主人嘿然不应。俄而家果失火，邻里共救之，幸而得息。于是杀牛置酒，谢其邻人，灼烂者在于上行，余各以功次坐，而不录言曲突者。人谓主人曰：“向使听客之言，不费牛、酒，终亡火患。今论功而请宾，曲突徙薪亡恩泽，焦头烂额为上客耶？”

帮忙救火并被烧得焦头烂额的人各有犒赏，而之前提出“曲突徙薪”的明智意见的人，却不受待见。这说明，试图给别人传授思想，多半会吃闭门羹，因为接受别人钱财上的馈赠，至多说明自己比较贫困；但接受别人思想的指导，则说明自己弱智，至少是弱于传授者。不接受你的思想，只能说明我是个顽固不化的人。顽固似乎胜弱智一筹，因此，很多人都宁愿选择顽固。由此可见，当一个人质疑思想的价值和意义时，他很可能是在用以攻为守的方式来掩饰自己某些东西吧。

# 3. 爱智为哲

哲学既然是思想的事业，那么，是否学习哲学就能够让人聪明起来？或者，我们可以反问一句："难道不学哲学就愚笨了吗？"这等于是在质问：哲学凭什么如此高傲自大？

与"哲学"对应的英文为philosophy，拉丁语为philosophia，是从古希腊语转化而来的，其中philo-意为"爱"，而sophia意为"智慧"，所以哲学是"爱智慧"的意思。从词源的分析上来看，哲学丝毫没有以智慧自诩，因为追寻智慧的前提是承认自己并不拥有智慧。饥渴，所以思饮食；劳顿，所以求安息。缺乏是需求的前提，因此，那些自认无须追求智慧的人，想必都是早已拥有智慧的人啦！如孔子所说："生而知之者，上也；学而知之者，次也；困而学之，又其次也；困而不学，民斯为下矣。"（《论语·季氏》）与那些自认为无须追求智慧的人相反，孔子明确表示："我非生而知之者，好古，敏以求之者也。"（《论语·述而》）苏格拉底有着相似的进路，他"自知自己无知"，并与那些自以为拥有真理的人进行辩论，结果发现他们拥有的仅只是成见、意见而已，并且一旦穷究起来，便跋前疐后，扞格不通。

事实上，学习哲学常常不能使人在世俗意义上变得聪明起来，甚至说，反倒是让人变得愚笨。被孔子称赞"不违如愚"的颜回，身居陋巷，箪食瓢饮，居然乐在其中；苏格拉底自比牛虻，要蛰醒雅典城邦，后被诬以败坏青年之罪，饮鸩而死，甘之若饴；释迦牟尼抛弃王位，出家远俗，清心苦行，弘道不辍……古今中外的哲人的行为，从世俗的眼光来看，很少能算得上“聪明”。世俗的聪明根基于分别，要分别出杂多中的差异；而哲学的智慧恰好在于融通，要在杂多中找到作为基底的一，两者之间在宗旨上存在着分歧。因此，试图通过学习哲学来获取人世间的成功，与缘木求鱼有几分类似，哲学不是“成功学”。

## 4. 析心为哲

在分析过哲学一词的英文词源之后，我想从汉字的构形上来分析一下“哲”的含义。

①　②　③　④

以上四个字中，①是金文，②是小篆，两字均为上下结构，下为“心”字；③是小篆异体，④是楷体，两字下皆为“口”字。许慎的《说文解字》中对“哲”字解释道：“知也。从口折声。悊，哲或从心。”段玉裁注解说：“释言曰：哲，智也。《方言》曰：哲，知也。古智知通用。按凡从折之字皆当作斤断艹。各本篆文皆作手旁，用隶改篆也，今悉正之。”[1]依照段玉裁的解释，“折”字的意思是以斧斤斩断草木的意思，所以“折”字左边的提手偏旁悉数应该改为“艹”。而许慎在解释“析”字时则说：“破木也，一曰折也。”段玉裁继而注释道：“以斤破木，以斤断艹，其义一也。”[2]如此说来，则‘悊’字同‘惁’意义相同。

古人用斧头砍伐树木是为了什么呢？我想，其一是开辟道路，扫除前进途中的障碍。其二是使用木材，建筑房屋。也就是一者为“破”，一者为“立”，“破”可以是为“立”做准备，所以“破”与“立”相即不离。同样，如果在“心”上有所“破”与“立”，那就是智慧的行为。在心中扫除思虑的障碍，使自己心境澄澈，就如同在森林中砍伐树木，廓清道路，见到阳光一般。扫清有碍自己前进的思想痼疾，突破凡俗成见、突破常识束缚，从而迎接全新的思想状态，这就如同使用外来的材料，重建自己的精神家园。

谁若想建筑大厦，就必须首先进行一番清理和奠基的活动，同理，谁若想有所建树，就免不了要在心灵之上进行一番“破”和“立”的工作，析心为哲，此即哲学功用之一端。

[1]（清）段玉裁：《说文解字注》，许惟贤整理，南京：凤凰出版社，2007年，第99页。

[2]同上，第473页。

# 5. 从心到口

析心为哲，哲学原本就有分析的意思，所以说哲学从本质上讲就是批判的。我们不要把“批判”简单地当作是批评或者谩骂，批评仅只是 rebuke，而批判则是 critique，前者包含更多的个人主观情感，而后者重在对事物的客观分析和评价。所以批判不是与赞扬对应，而是与不分析事实就横加评论、乱扣帽子的独断论相对应。

从“悊”到“哲”，发生了由“心”到“口”的转变，根据何在呢？段玉裁认为，是浅薄之人，误将“哲”字等同于“悊”字。他说：“悊与哲义殊。口部云：哲或从心作悊。盖浅人妄增之，因古书圣哲字或从心而合之也。”[1]其实，哲学是思想系统的有机体，如果仅仅停留在个人内心的主观感悟的层面，无以言传、无以意表，那最多只能是宗教体验而已，绝不能称之为哲学。哲学必须能够在人与人之间进行传递和交流，简言之，必须实现从心到口的过渡，说不清道不明的体悟，与幻想和谵妄何以区别呢？

现今的“哲”字似乎是“折”人之“口”的意思，也就是说，雄辩的人就是智慧的哲人。古希腊的确有教人辩论术的智者，他们不是为了追求真理和智慧，而只是为了谋取生计。智

[1]同上，第879页。

者曾经提出不少诡辩，类似于先秦名家公孙龙的“白马论”“离坚白”之类命题，但很明显，这些诡辩“能胜人之口，不能服人之心”。(《庄子·天下篇》) 在太多的辩论中，双方都不是哑巴，但却都是聋子，他们互相听不懂对方在说什么，结果，所谓的辩论，只不过是两个人在面对面进行独白而已。哲学并不热衷于辩论，因为哲学不是教人逞口舌之利的学问。

## 6. 口耳之学

口耳之学与身心性命之学的对立，早在《论语》中已经显露端倪。宰我能言善辩，屡屡遭到孔子的批评；颜回“似不能言者”(《论语·乡党》)，却多次得到老师的赞扬。孔子明确表示了对于“巧言令色”的嫌恶和对于“刚毅木讷”的认同，这也从侧面反映了孔子对于口耳之学的否定态度。与口耳之学相对，孔子提出“君子不器”(《论语·为政》)。

“君子不器”，就是说“君子不可以做一个器皿”。如果成为一个器皿，那就是形而下者，是一个物体，虽然可以有用，但却缺失形而上的人文内涵。“君子不器”不是说君子百无一用、不成器，而是说君子绝对不可以囿于一器之用，应该成为发明本心、克复明德的人。我们可以成为一个工程师，成为一个翻译家……但如果仅只是学习了一些工具性的知识而没有能够在精神方面使自身得以提升，我们只能被孔子看成“器”。工具性的知识和技能可以帮助我们找到一份工作，获得一个生计之道，但远远不足以使我们同自然、社会、他人其乐融融地相处，甚至不足以使我们自己的心灵得到和谐与宁静。所以，“君子不器”并非是说君子不成器，而是说君子应该廓通天人、发明本心，保持自己形而上的追求。

荀子在《劝学篇》中比较了口耳之学与君子之学的对立，他说：“君子之学也，入乎耳，著乎心，布乎四体，形乎动静，端而言，蠕而动，一可以为法则。小人之学也，入乎耳，出乎口。口、耳之间则四寸耳，曷足以美七尺之躯哉！古之学者为己，今之学者为人。君子之学也，以美其身；小人之学也，以为禽犊。”口耳之学就是基于闻见之知的工具性学问，不能使人发明形而上的“明德”去烛照万物，做到明德新民、止于至善。

## 7. 大人境界

张载说：“世人之心，止于闻见之狭。”（《正蒙·大心篇》）学道的目的是大心成性、天人合一，实现民胞物与的境界，即“乾称父，坤称母；予兹藐焉，乃混然中处。故天地之塞，吾其体；天地之帅，吾其性。民，吾同胞；物，吾与也。”（《张载集·乾称篇》）

从根本上说，道家哲学同儒家哲学对人生最高境界的描述，并无实质的区别。庄子在《齐物论》中说：“夫大道不称，大辩不言，大仁不仁，大廉不谦，大勇不忮。道昭而不道，言辩而不及，仁常而不成，廉清而不信，勇忮而不成。五者圆而几向方矣！故知止其所不知，至矣。”可见，庄子所毁弃的仁义是假仁假义，而非大仁大义，“我有一种感觉，就是庄子把儒家分为真儒和假儒，正如孔子把儒生分为‘君子儒’和‘小人儒’一样。庄子赞美真儒，蔑视假儒。”[1]唐代的韩愈已经怀疑庄子原本是儒家弟子，后来章学诚、章太炎、郭沫若等人均持相似观点。

《周易》为儒道两家所共同推崇，《乾卦》中说：“夫大人者，与天地合其德，与日月合其明，与四时合其序，与鬼神合其吉凶，先天而天弗违，后天而奉天时。天且弗违，而况于人乎？况于鬼神乎？”这与宋代易学家邵康节对于圣人的描述基本吻合，《皇极经世·观物内篇》中说：“圣也者，人之至者也……谓其能以一心观万心，一身观万身，一物观万物，一世观万世者焉。又谓其能以心代天意，口代天言，手代天功，身代天事者焉。又谓其能以上顺天时，下应地理，中徇物情，通尽人事者焉。又谓其能以弥纶天地，出入造化，进退今古，表里人物者焉。”

## 8. 知行合一

有学者认为，儒家哲学是世界诸多思想文化中唯一心甘情愿做人的学问，即不否定世俗生命[2]，不渴求彼岸或来世的超

[1]张松辉：《庄子研究》，北京：人民出版社，2009年，第55页。

[2]儒家哲学具有浓重的人间化的特点，但古希腊文化也是如此，“对于希腊人来说，在阳光下的人世生活是真实的生活”。（[德]策勒尔：《古希腊哲学史纲》，翁绍军译，济南：山东人民出版社，2007年，第17页。）

脱。也有学者认为中国的哲学属于内在超越的理论，表现为知行合一、内圣外王。内在超越是知，外在事功为行。因此，知行关系，是贯彻中国哲学史中的一条线索。《古文尚书·说命中》有“知之非艰，行之惟艰”的提法，但早在先秦时期，知易行难的思想已经存在。孟子强调践行，他说：“形色，天性也；惟圣人然后可以践形。”（《孟子·尽心上》）这与孔子谈及“色难”问题时的用意相仿。子夏问孝，子曰：“色难。有事，弟子服其劳；有酒食，先生馔，曾是以为孝乎？”（《论语·为政》）孟子还讲过“月攘一鸡”[1]和“挟太山以超北海”[2]的寓言，都是为了说明“克己复礼为仁”。

在知行关系上，河南程颐认为知先行后，但知难行亦难，他说：“譬如人欲往京师，必知是出那门，行那路，然后可往。如不知，虽有欲往之心，其将何之？自古非无美材能力行者，然鲜能明道，以此见知之亦难也。”（《遗书·第十八》）朱熹学宗二程，他提出“知行常相须，如目无足不行，足无目不见。论先后，知为先；论轻重，行为重。”（《朱子语类·学三》）

王阳明力主知行合一，认为“知之真切笃实处便是行，行之明觉精察处便是知。”（《王阳明全集·卷六·答友人问》）《传习录》中有一段精当的论述，今录其文于下：

---

[1]《孟子·滕文公下》记载：“今有人日攘其邻之鸡者，或告之曰：‘是非君子之道。’曰：‘请损之，月攘一鸡，以待来年，然后已。’如知其非义，斯速已矣，何待来年？”

[2]《孟子·梁惠王上》记载：“挟太山以超北海，语人曰‘我不能’，是诚不能也。为长者折枝，语人曰‘我不能’，是不为也，非不能也。故王之不王，非挟太山以超北海之类也；王之不王，是折枝之类也。”

> 爱因未会先生“知行合一”之训，与宗贤、惟贤往复辩论，未能决，以问于先生。先生曰：“试举看。”爱曰：“如今人尽有知得父当孝、兄当弟者，却不能孝、不能弟，便是知与行分明是两件。”先生曰：“此已被私欲隔断，不是知行的本体了。未有知而不行者。知而不行，只是未知。圣贤教人知行，正是要复那本体，不是着你只恁的便罢。故《大学》指个真知行与人看，说‘如好好色，如恶恶臭’。见好色属知，好好色属行。只见那好色时已自好了，不是见了后又立个心去好。闻恶臭属知，恶恶臭属行。只闻那恶臭时已自恶了，不是闻了后别立个心去恶。如鼻塞人虽见恶臭在前，鼻中不曾闻得，便亦不甚恶，亦只是不曾知臭。就如称某人知孝、某人知弟，必是其人已曾行孝行弟，方可称他知孝知弟，不成只是晓得说些孝弟的话，便可称为知孝弟。又如知痛，必已自痛了方知痛；知寒，必已自寒了；知饥，必已自饥了；知行如何分得开？”此便是知行的本体，不曾有私意隔断的。圣人教人，必要是如此，方可谓之知，不然，只是不曾知。此却是何等紧切着实的功夫！

只有做到身体力行的实践，才能算是真正的知行合一，王阳明说这是“功夫”。王阳明的论述这让我联想到子夏的话，即“贤贤易色，事父母，能竭其力；事君，能致其身；与朋友交，言而有信。虽曰未学，吾必谓之学矣。”（《论语·学而》）王阳明认为“知是行的主意，行是知的功夫；知是行之始，行是知之成。”（《传习录上》）的确，中国哲学并不在形而上学的思辨上发展，几乎不存在作为西方哲学之根基的认识论问题，即便是说中国哲学的长处在于伦理学或政治学，也总会让人觉得踌躇不安。事实上，如果不用“哲学”两字来指称中国的传统学问，那么，称其为“中国功夫”便是再恰当不过的啦。

## 9. 无用之用

有太多人会问，哲学有啥用?

马克思的墓志铭中刻写着《关于费尔巴哈的提纲》中的一句话：“哲学家们只是用不同的方式解释世界，而问题在于改造世界。”简言之，马克思认为以前的哲学的毛病就是不结果实，能够改造世界的哲学才是真正有用的学问。但自古就有对于哲学使命的不同理解，比如古希腊的毕达哥拉斯，他认为灵魂有三种高下不等的追求，即沉思、荣誉和利益。如果将人世比作奥林匹克运动会场，则有人是来做生意的，有人是来比赛争夺荣誉的，只有少数人是旁观沉思的。如果用功名利禄为标准来衡量哲学有用无用，那就如同用商人的标准来评价战士，用耳朵的功能来衡量眼睛，因此，要求哲学有用，本身就是对哲学的非分要求。

当惠施批评庄子的思想“大而无用”（《庄子·逍遥游》）之时，庄子回答说，野猫和黄鼠狼东西跳梁、不避高下，自以为有能耐，结果常常中于机辟、死于网罟，难道这就是它们的聪明的用处吗?小则有用，猫小，故能捉老鼠；相比之下，犛牛大若垂天之云，反而不能捉老鼠。人的思想也与此类似，以具体事物为对象的思虑，常被视为有用，而哲学思维纵贯往来古今、上下四方，则会被认为空洞无物。《庄子·外物》中有一次记载了庄子与惠施的争辩：

> 惠子谓庄子曰："子言无用。"庄子曰："知无用而始可与言用矣。夫地非不广且大也，人之所用容足耳。然则厕足而垫（即"掘"）之，致黄泉，人尚有用乎？"惠子曰："无用。"庄子曰："然则无用之为用也亦明矣。"

人们走路，只认为自己脚踩的那一寸土地有用，其余的土地都无用，果若此，将其余土地挖成万丈深渊，人们还能安心地走路吗？《老子》第十一章中也说："三十辐共一毂，当其无有，车之用；埏埴以为器，当其无有，器之用；凿户牖以为室，当其无有，室之用。故有之以为利，无之以为用。"有无相辅相成才能成就这个五彩缤纷的世界。世人之通病，皆长于争强，而拙于守弱；长于利"有"，而拙于用"无"。然而，"无"之用可谓广大至极，哲学思考决不能轻忽视之。

# 10. 无知之知

生活于15世纪的库萨的尼古拉（Nicholas Cusanus, 1401—1464）在《论有学识的无知》一书中写道："由于我们追求知识的自然欲望不是没有目的的，它的直接对象就是我们自己的无知。如果我们能够充分实现这一欲望，我们就会获得有学识的无知。甚至对最热情地追求知识的人来说，也不可能有别的东西对他更有益处；那就是他确定在他本人的那个特定的无知中获得最深的认识；谁对他本人的无知认识得越深，他的学识就会越多。"[1]

仔细玩味"有学识的无知"这一命题，会发现库萨的尼古拉至少说了两层意思。首先，求知的底色或前提是无知，所以，无知是求知的原因和动力。同时，无知也是求知的目的，即满足无知的需求，消除无知的缺乏状态。其次，衡量其学识所达到的高度的标准，也就是人们在无知的领域中的深入程度。依照库萨的尼古拉的思路，人们的知识都是通过类比获得的，即通过已知之物来探测未知领域。如普罗泰格拉所言，"人是万物的尺度"，人在外在世界的所有探索，都反过来映射出人自身的形象。就像向着遥远的地平线奔跑的人，身后的影子在渐次拉

[1]（德）库萨的尼古拉：《论有学识的无知》，尹大贻、朱新民译，北京：商务印书馆，1988年，第4—5页。

长，但回过头来，除了自身之外，人们依然一无所获——茕茕孑立、形影相吊。所谓学识的增长，就是对自身之无知的更深入的认知。

换一句话来表述“有学识的无知”，即“学识不过是无知的影子”，或者“任何学识都是自我在未知领域中的投射”。维柯在《新科学》一书中有一段精彩的论述：

> 值得注意的是在一切语种里大部分涉及无生命的事物的表达方式都是用人体及其各部分以及用人的感觉和情欲的隐喻来形成的。例如用“首”（头）来表达顶或开始，用“额”或“肩”来表达一座山的部位，针和土豆都可以有“眼”，杯或壶都可以有“嘴”，耙、锯或梳都可以有“齿”，任何空隙或洞都可叫作“口”，麦穗的“须”……从任何语种里都可举出无数其它事例。这一切事例都是那条公理的后果：人在无知中就把他自己当作权衡世间一切事物的标准，在上述事例中人把自己变成整个世界了。因此，正如理性的玄学有一种教义，说人通过理解一切事物来变成一切事物，这种想象性的玄学都显示出人凭不了解一切事物而变成了一切事物。这后一个命题也许比前一个命题更真实，因为人在理解时就展开他的心智，把事物吸收进来，而人在不理解时却凭自己来造出事物，而且通过把自己变形成事物，也就变成了那些事物。[1]

[1]（意）维柯：《新科学》，朱光潜译，北京：商务印书馆，1989 年，第 200—201 页。

知识起源于无知，因为无知，所以便以自身为标准去度量外物，从而把自身投射到外物之中，比如在针上投射了自己的“鼻”，在河流上投射了自己的“口”。但是，人类的知识无论如何发展，他的知识总不过是人自身的影像，他的知识越是发展，他就越加深刻地体验到自身的无知。如果我们套用否定之否定的规律，这便是一个“无知→学识→无知”的辩证过程。

同样具有深刻辩证思想的道家始祖老子也提出过类似的命题，他说：“知，不知，尚；不知，知，病。圣人不病，以其病病。夫惟病病，是以不病。”（《老子》第71章）有学识，但依然能够知雄守雌、抱朴守拙，能够保持“无知”的状态，“沌沌兮，如婴儿之未孩；儽儽兮，若无所归。众人皆有余，而我独若遗。我愚人之心也哉！俗人昭昭，我独昏昏。俗人察察，我独闷闷。”（《老子》第20章）老子的这种状态，真可谓是“有学识的无知”的绝妙注脚。

## 11. 积极与消极

当然，为了实现“无知”，老子也提出了具体的方法，他说：“为学日益，为道日损。损之又损，以至于无为。无为而无不为。”（《老子》第48章）庄子继而提出了“心斋”和“坐忘”的修炼方法。斋戒，英文为fast，早餐是breakfast，即break + fast，意为“打破斋戒”。庄子的心斋，就是让心灵处于不进食的状态，不受外物的扰攘，“举世而誉之而不加劝，举世而非

之而不加沮。”(《庄子·逍遥游》)

“知”与“无知”的对立，有点类似儒家与道家的对立。儒家赞扬博闻强识，希望能够“日知其所无，月无忘其所能”(《论语·子张》)；道家则主张忘却，“堕肢体，黜聪明，离形去知，同于大通，此谓坐忘。”（《庄子·大宗师》）儒家主张用智慧指导人生，故而也对人情世故核定毫厘，所以会有“九思”“六蔽”之说[1]；道家则认为应当顺因一切，“造适不及笑，献笑不及排，安排而去化，乃入于寥天一。”（《庄子·大宗师》）儒家倡导礼乐治国，认为“道之以政，齐之以刑，民免而无耻；道之以德，齐之以礼，有耻且格。”（《论语·为政》）道家则认为，那只能是“黥汝以仁义，而劓汝以是非”（《庄子·大宗师》），“故绝圣弃知，大盗乃止；擿玉毁珠，小盗不起；焚符破玺，而民朴鄙；掊斗折衡，而民不争。”（《庄子·胠箧》）儒家要做一个实心的人，认为心中有主则外物不能入，外物不能入则心中自然宁静，所以非常注重涵养用敬，念念不忘，“君子无终食之间违仁，造次必于是，颠沛必于是。”（《论语·里仁》）道家则要做一个虚心的人，心中空虚则无物可被外界扰攘，故而能够宁静淡泊，“至人之用心若镜，不将不迎，应而不藏，故能胜物而不伤。”（《庄子·应帝王》）儒家的修养功夫可比是金钟罩、铁布衫，练成后“富贵不能淫，贫贱不能移，威武不能屈”（《孟子·滕文

[1]君子有九思：视思明，听思聪，色思温，貌思恭，言思忠，事思敬，疑思问，忿思难，见得思义。(《论语·季氏》) 子曰：“由也，女闻六言六蔽矣乎?”对曰：“未也。”“居！吾语女：好仁不好学，其蔽也愚；好知不好学，其蔽也荡；好信不好学，其蔽也贼；好直不好学，其蔽也绞；好勇不好学，其蔽也乱；好刚不好学，其蔽也狂。”(《论语·阳货》)

公上》)；道家的修养功夫则是八卦掌、太极拳，练成后“行无行，攘无臂，扔无敌，执无兵”。(《老子》第69章)

儒家的伦理属于积极道德，道家的精神属于消极道德。蔡元培在《中国伦理学史》的最后一段中写道：“然而人格之发展，必有种子，此种子非得消极道德之涵养，不能长成，而非经积极道德之扩张，则不能蕃盛。故修德者，当自消极之道德始，而又必以积极之道德济之。消极之道德，与积极之道德，譬犹车之有两轮，鸟之有两翼焉，必不可以偏废也。”[1]千载而上，千载而下，此诚至精至当之论。如果我们轻忽根基的栽培而好高骛远，这一切努力都将有可能沦落为资寇兵、赍盗粱的行为。

## 12. 占有与拥有

有很多人会说：“简简单单地活着多好，干吗搞得那么复杂?”这很像卢梭(Jean—Jacques Rousseau，1712—1778)的下述言论：“如果大自然注定要人健康，我就几乎敢断言：人的思考状态是一种反自然状态，能思考的动物是一种堕落的动物。”[2]无论如何，思考与否成了划分人类与动物的分界线。而孟子则将之作为君子与众庶的分界线，他说：“人之所以异于禽

[1]蔡元培：《中国伦理学史》，北京：商务印书馆，1999年，第224页。

[2](法)卢梭：《论人类不平等的起源和基础》，高煜译，桂林：广西师范大学出版社，2009年，第77页。

兽者几希，庶民去之，君子存之。”（《孟子·离娄下》）

苏格拉底指出：“未经省察的人生是不值得过的。”（《柏拉图全集·申辩篇》）这种洞见与中国先哲的看法一致。孔子说：“不曰‘如之何，如之何’者，吾末如之何也已矣。”（《论语·卫灵公》）缺乏反思意识的人与哲学是绝缘的，连孔夫子都禁不住摇头叹息。孟子说：“万物皆备于我，反身而诚，乐莫大焉。”（《孟子·尽心上》）足见哲学从本质上讲就是批判反思的学问。

我可以占有一本书，但从来没有去阅读它，即便死后我把书同我一起埋葬，这书也不属于我。占有不等于拥有，所以，占有生命不等于拥有生命。孔子说：“不知命，无以为君子也。”（《论语·尧曰》）依照许慎《说文解字》中的分析，命 = 口 + 令，知命，就是要知晓自己的天命、使命的意思。国外学者将之译为 fate（Edward Slingarland），the propensity of circumstances（Roger T.Ames），或者 the ordinances of Heaven（James Legge），笔者倾向于将“命”译为 calling，因为 calling 原意是呼唤、召唤，同时具有口令、命令、天命、天职的含义。

宇宙诞生至今约有 200 亿年，而地球上的生命却只有 35 亿年的历史。人类的诞生至今不过几百万年，人类文明史则仅有 5000 年。宇宙无法在一块顽石上照出自己的面目，无法在一株花草上反映出自身的目的，只有人类，只有拥有了现代文明的人类才具有了反思宇宙的目的和意义的能力，所以人类是宇宙演进的顶点，是大自然的一面镜子。

任何一个自以为拥有生命的人，都要反省自己是否回应了宇宙的“召唤”，是否履行了自己的“天命”“天职”，是否切实地成为大自然的一面镜子，而不是堕落到了顽石和禽兽的境地。如果我们反思人生的意义，追寻大自然和人类的奥秘，我们就是宇宙的镜子。

因此，人心也便是宇宙之心，恰如张载所言：“为天地立心，为生民立命，为往圣继绝学，为万世开太平。”（《张载集·近思录拾遗》）这是一位哲人的自励，也是生命之终极鹄的所在。

## 13. 哲学与宗教

哲学思考需要运用理性，“理性主要包括两层含义：首先，理性指称人所拥有的判断权。没有判断权，如那些盲信者，是缺乏理性的。其次，理性判断是一种逻辑推论，包括真理标准与逻辑形式。”[1]哲学要寻求智慧，人们要追求真理，却面临着与“学习悖论”类似的窘境。

“学习悖论”是古希腊著名的悖论之一，其内容是：人们在学习时通常会面临两种情况，一是不知道要学习的内容，二是已经知道了要学习的内容。在这两种情况下，学习都是无意义的，因为前者学习没有目标，后者学习没有必要。首先，人们并不拥有真理，所以追求过程没有明确的目标。其次，人们并不拥有真理，当然更不会拥有判断何者为真理的标准，即便与

[1] 谢文郁：《道路与真理——解读 <约翰福音> 的思想是密码》，上海：华东师范大学出版社，2012 年，第 24 页。

真理遭遇，也会失之交臂。“如果真神或真理是他们的生存所必需的，而他们无法依靠自己的智慧和努力去认识真神或追求真理，那么，他们应该如何生活呢？”[1]

人们运用理性去追求真理或探测未知领域，但理性这根绳子达到了自身的极限，长度不敷使用，唯一的方法就是用非理性的能力进行接续，即放弃判断权，在心中接受上帝的启示。恰如德尔图良的宣言——正因其荒谬，所以才是可信的；正因其不可能，所以才是确定的——“它向我们暗示了在3世纪，从一种作为信仰的基督教的立场来看，古典主义在认识论上和伦理学上都破产了。”[2]在理性的极限处，非理性出现了；信仰，就是那种让你不再继续追问什么是真的东西的东西，即放弃理性的判断权。或者更确切地说，是信仰在先而不是怀疑在先，是将理性隶属于信仰，使哲学成为神学的婢女。

因此，与哲学的批判精神相比，宗教的起点是相信，是不容置疑。如果你尚在质疑和分析其教义的合理性，那你就将自己置身于信仰领域之外；如果你相信了一个宗教的教义，那么，宇宙人生中的一切现象都可以得到令人（也就是信徒）安心的解释。

---

[1]同上，第38页。

[2]（美）梯利：《西方哲学史》，贾辰阳、解本远译，长春：吉林出版集团，2014年，第159页。

# 14. 哲学与科学

就像哲学最终从神学中脱离出来一样，科学也从哲学中分离出来。哲学的出现并不能彻底消除宗教信仰，同样，科学的昌盛并不能消灭哲学思辨。

哲学与科学类似，都具有开放性。开放性的特点可以表述为“怀疑一切”，它拒绝将任何理论视为封闭的、静止的、完善的体系，而是随时准备着修正，乃至重塑现有的认识成果。“每一次科学的‘完成’都意味着新的问题，科学请求被人超越，请求相形见绌。任何希望投身于科学的人，都必须面对这一事实。”[1]

但哲学并不从事经验领域中的实验，其主要工作都是在思辨领域中展开的。形而上学一词是 meta-physics，是“在物理学之后”的意思。后人在编辑亚里士多德（Aristotle，公元前 384—公元前 322）的著作时，将研究形而上学问题的讨论编辑在有关自然现象的研究著作之后，故此得名。

自然科学领域中的命题通常需要能够被证实或者证伪，否则就没有资格成为科学。但有一些形而上的哲学概念，比如康德的“物自体”，便既不能被证实，也不能被证伪，因为它存在于超验领域，不是人的理智所把握的对象。近代哲学受到科学

[1]（德）马克斯·韦伯：《学术与政治》，冯克利译，北京：外文出版社，1998 年，第 13 页。

的影响，也有一种强烈的反形而上学的势头，事实上，形而上学是哲学的骄傲，而不应是哲学的耻辱。自然科学通常以归纳法为基本方法，而经验归纳永远都是不完全归纳，科学的开放性就意味着它的可错性。故此，科学不能解决人的终极关怀的问题，这正是科学无法取代哲学和宗教的原因所在。

事实上，自然科学的理论常常有悖常识，比如牛顿力学中的匀速直线运动，在现实自然界中是很少见的，爱因斯坦的相对论和量子力学更是与人的常识相左。在这一点上，哲学同科学又有了共通之处。人文社会科学的探索没有必要照顾常识的面子，哲学也不例外。活在常识之中，丧失好奇心，是精神的一种沉睡或死亡状态，是科学研究的大敌，也是哲学研究的大敌。

亚里士多德认为哲学起源于“惊异”，或者“好奇心”，这种好奇心在儿童身上远比在成年人身上更为强烈，因为生活的常识和习惯扼杀了成年人的好奇心。爱默生在《论自立》中说“模仿就是自杀”。尼采（Friedrich Nietzsche，1844—1900）则说：“习惯使我们双手机巧，头脑笨拙。”[1]在我看来，将人从常识的束缚中解放出来，超越想当然的生活态度，这既是哲学的功能，也是哲学的使命。

古希腊的第一个哲学家泰勒斯仰观天空，不小心掉进了坑，受到了一个色雷斯女人的嘲讽，说他能够看见天上的东西，却看不到脚下的东西。但黑格尔（Georg Wilhelm Friedrich Hegel，1770—1831）说，哲学家也同样可以嘲讽此等庸人，

[1]（德）尼采：《快乐的知识》，黄明嘉译，北京：中央编译出版社，2001年，第176页。

他们之所以不会掉到坑里，恰好因为他们本身就在坑里生活，没有能力抬头观看那更高远的事物。[1]

## 15. 哲学的性别

我们听过这样的玩笑话："女人搞哲学，对于女人和哲学两方面都是损害。"[2]古今中外的哲学家中，女性可谓凤毛麟角，屈指可数，这是否意味着哲学是专属男性的领地，或者说，哲学是否也有性别的归属？这个问题，随着近当代女权主义的兴起，而逐渐浮现出来。

前文提到过，"哲"字有着从"心"到"口"的转变；而在西方哲学中，逻各斯，即 logos，具有理性和话语的双重含义，哲学主要就是理性话语的体系。从语言的起源来看，就能够发现语言本身所具有的强制性权力。起初，人类之间的交流倚重手势，手势富有表达力，但是也有其缺陷："手势几乎只能表现实际存在的或易于描述的事物以及可见的活动，使用范围也有限（因为黑暗或被物体阻挡就使之无效），而且它是强求别人注意而不是激起别人注意；因此，人们最终想到要用清晰的音节来代替它们。"[3]卢梭

[1]（德）黑格尔：《哲学史讲演录·第一卷》，贺麟、王太庆译，北京：商务印书馆，1959 年，第 179 页。

[2]周国平：《人与永恒》，杭州：浙江文艺出版社，2013，第 166 页。

[3]（法）卢梭：《论人类不平等的起源和基础》，高煜译，桂林：广西师范大学出版社，2009 年，第 88 页。

的看法与许慎对“名”的解释有共通之处。《说文解字》中说：“名，自命也。从口夕。夕者，冥也。冥不相见，故以口自名。”[1]有了以声音为媒介的语言文字，人与人间的交流的确方便多了。比如，一个老年人，“六十曰耆，指使。”(《礼记·曲礼上》)“如果我是一个老派的英国贵族，坐在安乐椅上，百无聊赖地读着一份周末版的报纸，对于我来说，也许只要对仆人说‘约翰，你不觉得天有点冷吗?’他就会去关上窗户。”[2]可见，每一次语言的运用，都是一次权力的施展，布迪厄称其为“温和的暴力”。

哪怕是一个简单的名词性概念，本身也体现着符号的暴力。“一切概念都来源于差别物的等同。由于一片叶子肯定永远也不会与另一片叶子完全等同，因此，‘叶’这一概念只能是通过任意摈弃这些个体差别和忘掉各种独特的方面形成的。”[3]任何一个名词性的概念，都对其外延涵盖范围之内的具体存在物实施着暴力性质的统治，概念无视具体事物之间的差异。给一个事物命名，就意味着此物必须抛弃自身的独特性，放弃自身的自然存在，归属到概念内涵所设定的应然存在之下。在“S是p”这样的判断形式中，系动词“是”就是在陈述一种“应该”，而不是在表达S是其所是的本然状态，因此，“是”就成为一种要求或命令。试举例言之：“苏格拉底是人”，就意味着苏格拉底

[1](清)段玉裁：《说文解字注》，许惟贤整理，南京：凤凰出版社，2007年，第99页。

[2](法)布迪厄：《实践与反思：反思社会学导论》，北京：中央编译出版社，1998年，第195页。

[3](德)尼采：《哲学与真理：尼采1872—1876年笔记选》，上海：上海社会科学院出版社，1993年，第105页。

不再是具体的苏格拉底，而是一个与克拉底鲁、伊壁鸠鲁等无差别的“人”——一个人们用思维所把握的抽象理念。因此，“直言判断 S-p 的形式说明（S）不是（S）；（S）被定义为与自身不同的他者。”[1]概念的这种暴力特征是由人的抽象能力造成的，任何抽象的符号、概念，都是对具体事物的超越和否定。符号是一种构建现实的权力，它能够潜移默化地塑造社会秩序。

哲学语言主要是由抽象的形而上学概念构成的，布迪厄所说的“符号暴力”尤其体现在两性间的支配关系之上。在英语中，男人（man）代表了整个人类，女性的存在被隐秘地抹杀了；在法语中，本来不具备性别的自然事物也以男性代词的形式出现，比如“下雪了”（Il neige）、“下雨了”（Il pleut）。借助符号的这种沉默的暴力，男性和女性都在无意识中接受了由此构建起来的社会结构和认知结构。“此处的社会结构往往表现在那些空间和时间方面的社会安排以及两性的劳动分工上；而认知结构则体现在身体和心智之中。实际上，作为被支配者的妇女往往将这种思想图式普遍运用到（自然和社会）世界中的万事万物，特别是她们身陷其中的支配关系。于是，这种权力关系化身为成对出现的各种对偶范畴（高贵／低贱、坦荡／琐屑，深刻／肤浅、直率／隐曲等等）。”[2]

当代法国女权主义学者伊利格瑞（Luce Irigaray，1931—）说：“西方社会在由母系社会到父系社会的转变过程中，男性逐

[1]（美）马尔库塞：《单向度的人——发达工业社会意识形态研究》，刘继译，上海：上海世纪出版集团，2008 年，第 107 页。

[2] 杨善华：《当代西方社会学理论》，北京：北京大学出版社，1999 年，第 290 页。

渐控制了话语权，监控并规范了女性话语，以男性的利益为基础建立了一个逻辑秩序。长期以来，女人缺乏属性为女性的语言系统，也实际上被剥夺了言说的权利。女性的特征一直是在男性的参数中被定义和描述的，女性的主体性也一直处于模糊的、未被清晰定义的状态。”[1]因此，一些女性主义学者提出了女性书写的主张，认为诗歌的形式更适合女性的特征。与哲学形而上的语言相比，诗歌的语言并非抽象语言，对于重塑人类的文化和实现男女平等均有积极的意义。

## 16. 哲学的历程

我将极其粗略地勾勒出中西哲学的发展脉络，以辅助读者对哲学的总体把握。

雅斯贝尔斯（Karl Theodor Jaspers，1883—1969）所称的“轴心时代”大约是指公元前500年前后的历史时期，对应于中国哲学的先秦时期，此间出现了百家争鸣的繁荣景象。先秦哲学的中心议题是“天人之辩”，比如道家同儒家的冲突，可以提炼为自然（nature）与文化（culture）的冲突。体现在对人性的看法上，道家强调个人的自然差异性（difference），有个人主义（individualism）倾向；儒家偏重道德的普遍性

[1] 刘岩：《性别主体与差异伦理——露丝·伊里加蕾访谈录》，《文艺研究》，2013年第6期，第91页。

（universality），有集体主义（collectivism）倾向，如果宗法家族也算是集体的话。体现在政治理念上，道家强调无为，儒家强调礼制。

西汉武帝独尊儒术，但到东汉，谶纬之风渐盛。至魏晋，玄谈骤兴，一时名教与自然、崇有与贵无等论题成为焦点。隋唐时期，儒释道三教并行，而禅宗独树一帜，将道家哲学完满地融入佛教义理之中，通常被视为是中国化的佛教。慧能所讲的“念念不住”与庄子提到的“用心若镜”，实在有异曲同工之妙。宋明理学受到佛教的激发，发展出更为精致的哲学体系，主要关注天理人欲之辩，我们可以将之视为先秦“天人之辩”的遥远回音。无论宋明理学讨论格物致知也好，讨论理气关系也好，但终归是为了落实封建社会的道德信条，因此，知行关系成为贯穿始终的主线，明代王阳明的知行合一说是其典型代表。

西方哲学在古希腊时期的主要议题是永恒与变化的关系：永恒是一，变化是多；变化导致了差异，永恒为确定性奠基。作为古希腊哲学之集大成者的柏拉图，其“理念”学说就体现了其试图解决“一”与“多”的矛盾关系的努力。理念是“一”，但现象界变化的万物是“多”。后来的新柏拉图主义者将终极的实在视为“太一”，“太一”流射演化出宇宙万物，这种观点很容易与兴起的基督教上帝观念相结合。随后上千年的中世纪哲学的一个中心议题便是唯名（nominalism）与唯实（realism）的争论，即共相是真正存在的实体，抑或仅仅是个观念性的概念而已，唯名论者类似于今天所谓的唯物主义者，而唯实论者则与唯心主义者相当。

经过文艺复兴和宗教改革，哲学渐次从神学的束缚下挣脱出来。笛卡尔标志着近代哲学的肇端，人们开始在理性的指引下探索宇宙人生。康德之前的哲学大体可以分为经验主义（empiricism）与理性主义（rationalism）两种倾向之间的对立，主要是在认识论问题上发生了分歧，即人类通过感觉器官获得的关于外部世界的知识，是否与先天的认识形式同时发挥作用。以康德为代表的德国古典哲学是大体系的构建时期，尤其是康德哲学，被誉为西方哲学史的顶峰，在调和经验主义和理性主义的同时，也成为此后所有哲学的导源处。

叔本华、尼采唯意志论哲学的出现，标志着近代哲学的开端。近代哲学分流为现象学和分析哲学，大体可以将现象学看作是欧陆理性主义哲学的延续，而分析哲学则是对英美经验主义的继承。现象学和分析哲学都试图克服西方传统哲学主体与客体、本质与现象的二元对立模式，其中现象学提出“回到事物自身”的口号，试图在前反思的状态直接面对存在显现；而分析哲学则认为传统形而上学中的基础主义倾向是错误使用日常语言的结果，因此，哲学其实是一种需要治疗的语言疾病。

后现代哲学中值得关注的是解构主义与女权主义，它们在反思和批判西方哲学逻各斯中心主义或阳具中心主义方面有着卓越的贡献。解构主义的主要代表人物德里达（Jacques Derrida，1930—2004）认为，西方哲学是一种在场形而上学，试图撇开一切媒介而直接使存在的意义向人显现，这只是海市蜃楼般的神话，因为语言的性质决定了意义只能在“延异”中生成。

2

第二章

# 什么是实在

*Qitang Jijian Zhexueke*

# 17. 感官的自由度

虽然有心理学家认为人的感觉不止视觉、听觉、嗅觉、触觉、味觉这五种，但基本上都承认与此相对应的感觉器官只有五种，即眼睛、耳朵、鼻子、皮肤、舌头。自由的英文是 free，还可以表示免费、免除、摆脱（障碍、阻碍）的意思。那么，一种感官发挥作用所依赖的外在条件越多，这种感官就越发不自由，并且此感官在时空中探索外物的范围也越有限。

自由度最低的感官是舌头，其活动范围被局限在口腔之内，虽然鼻子是它的近邻，但它们从不来往。要产生味觉，不仅需要舌头与外物直接接触，还需要口腔分泌液体，以便外物的化学分子能够刺激味蕾中包含感受器位点的味觉纤维。

如果以自由度的高低为标准给感官排序，则味觉是最低级的感官，其次是触觉，虽然它是人体最大的器官，总面积约为 1.5—2 平方米，但是，它要发挥作用，就必须外物与之发生近距离接触，一旦越出人这副皮囊之外，它就束手无策。如果说舌头的活动空间是口腔，超不过 1 立方分米；皮肤的活动空间则是皮囊，超不过 1 立方米。

嗅觉之所以高于味觉和触觉，因为鼻子发挥作用时不需要同外物直接接触，距离自身几米乃至几十米的东西，它都有可能探测到，这是它比舌头和皮肤更为自由的原因所在。但鼻子有很强的适应性，只需要几分钟的时间，它就会变得分不出香臭好歹。这种嗅觉缺失在有些情况下是很危险的，比如煤气泄露等。此外，据说连续10年每天抽两包烟的人，在戒烟之后10年才能使嗅觉恢复正常。

听觉的自由度仅次于视觉，很明显，耳朵不需要与发声的物体直接接触。人能在6米之外听到手表的嘀嗒声。听觉具有无意识的自主性，也就是说，它并非是将所有进入耳朵的声音刺激全部不加区分地接受下来，就如同视觉，并非是将眼睛看到的所有事物都记录下来，很多时候我们能够视而不见、听而不闻。如果耳朵所接受的所有感官刺激都以同等的强度进入人的知觉领域，我们得到的将是一个嗡嗡作响的混乱世界。但耳朵的自主性很有限，它就像是一扇关不上的窗，除非成为聋子，否则它是无法自行拒绝外界刺激的，哪怕在睡梦中，我们也会被吵醒。人的一生中，耳朵听到的无意义的废话远比值得铭记的言论多，听到的聒耳噪音远比优雅的音乐多，《吕氏春秋·贵生》中说："耳闻所恶，不若无闻；目见所恶，不若无见。"

如果说耳朵是一扇关不上的窗，眼睛显然要自由得多，它拥有上下两道卷帘，随时可以闭上眼睛。人能够运用知觉能力把各种颜色和线条整合成一个有意义的视觉世界。此外，视觉的速度也要远远超过听觉。声音每秒钟行走大约340米，而光线则是宇宙间最快的速度，每秒钟约30万公里。从理论上讲，凡是光能够到达的地方，眼睛就应该可以看得到，比如，在夜间抬头便可以看到38万公里之外的月亮。

光是《圣经》中上帝创造的第一件事物，而人眼则是心灵之光所在。心理学认为，人的眼神是最难伪装的。耶稣也说："你的眼睛是为身体提供光亮的一盏灯。如果你的眼睛良善，则你的身体便充满光亮；如果你的眼睛邪恶，则你的身体便充满黑暗。当你自以为是的光亮其实就是黑暗的时候，那黑暗是多么的深重啊！”(《马太福音》) 因此，将眼睛当作高级感官，是名副其实的。

## 18. 耳目的可信度

相对于舌头、皮肤和鼻子，眼睛和耳朵算是高级感官，拥有更多的自主性和自由度。但在判断外物是否存在时，我们通常最容易相信相对低级的感觉，并最容易怀疑眼睛和耳朵的判断。自命是高级动物的人，评判所生活的世界真实性的标准偏偏总是低级感官，而不是耳目，通常，人们更不愿意相信自己的理智推理出来的结果。

如果有人在夜半听到门外传来时断时续的女人的歌唱声，他一定会怀疑自己是否产生了幻听。当他走出房门，看到一个若隐若现的身影站在门前，他也会怀疑自己的眼睛。但当他走近这个身影，并且用手触摸到那个棉花糖一般的存在物时，他就会相信自己的确碰到了——鬼。很明显，我们通常并不认可眼见为实，因为眼睛会产生错觉，甚至幻觉。哪怕用手轻轻一压眼皮，马上就能把眼前的事物看成两个。心理学中有不少错觉图，比如：[1]

[1] (美) 卡萝尔·韦德：《心理学的邀请——如何培养批判性思维和创造性思维》，王建红、何江、应向东译，北京：机械工业出版社，2014年，第165—166页。

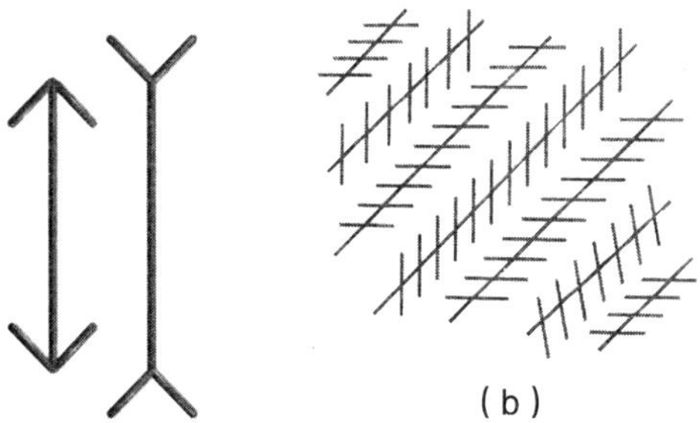

(a)　(b)

左图为著名的缪勒－莱尔错觉图，两根长度相同的线段，加上辅助线后，让我们误以为右边的线段更长。在右边的那幅图中，原本平行的直线，让我们产生了倾斜的错觉。事实上，包括眼睛和耳朵在内的各种感官，从来都不是像白纸接受图章一样机械地获得信息。与其说感官接受了外部世界，不如说是感官创造了外部世界。知觉系统有其内在的结构，人无法通过理性或意志的力量来消解错觉。正是因为这一点，我们对眼睛和耳朵充满了怀疑。

我有两个珍藏版的笑话，可以作为另一个角度的佐证。

燕人李季好远出，其妻私有通于士，季突至，士在内中，妻患之。其室妇曰："令公子裸而解发，直出门，吾属佯不见也。"于是公子从其计，疾走出门。季曰："是何人也？"家室皆曰："无有。"季曰："吾见鬼乎？"妇人曰："然。""为之奈何？"曰："取五牲之矢浴之。"季曰："诺。"乃浴以矢。一曰浴以兰汤。（《韩非子·内储说下》）

另有一笑话是法国哲学家爱尔维修在《论精神》中讲述的，

与上面“燕人惑易”的故事如出一辙，异曲同工。

> 有一个不知道是谁的女人……她的情人发现她偎依在他的情敌的怀里，把她当场拿获了；她居然敢向他否认他亲眼看见的事实。他向她说：“怎么！你无耻到了这般田地……”她大声叫道：“啊！负心贼，我终于知道你不爱我了，你宁可相信自己的眼睛，都不愿意相信我告诉你的话！”[1]

西方的哲学传统一开始就排斥感官，柏拉图在《斐多篇》中明确指出：“现在以获得知识为例。如果某人带着身体进行考察，身体会成为考察的障碍吗……如果这些感觉（视觉和听觉）是不清晰的和不确定的，那么其他感觉也几乎不可能是清晰、确定的，因为其他感觉比视觉和听觉还要低劣。”[2]

[1] 北京大学哲学系外国哲学教研室编：《西方哲学原著选读》下册，北京：商务印书馆，1982 年，第 176 页。

[2]（古希腊）柏拉图：《柏拉图全集》第一卷，王晓朝译，北京：人民出版社，2002 年，第 62 页。

# 19. 判断存在的标准

“什么是物质?”“什么是实在?”有人会踢起一块石头，然后乜斜你两眼，以为这样就回答了最基本的哲学问题。如果你再谈高尔几亚（Gorgias，公元前483—公元前375）的“无物存在”或是佛教的“万法皆空”，他会跳起来打你两拳，然后问你:“疼不疼?”你若说“疼”，他就会像个禅宗大师一样告诉你说:“至少正在疼痛的你是存在的!”

就常识而言，凡是我们感知到的一切事物，都是存在的。事物向我们的感官所呈现的样貌，就是事物是其所是的本然，将表象（appearance）等同于实体（substance），这样一种立场被称为常识实在论。人几乎不需要学习，就拥有这样的常识。即便一条狗也能够依据常识实在论的逻辑指导自己的生活。但是，如果人类也不加反思，仅仅满足于常识实在论，任何自然科学和人文科学都不能产生。上面那个“禅宗大师”的开悟是彻底失败的，因为进行反思的人并不把自己的感觉作为判断存在的标准，踢一脚石头或者打人一拳，没有解决一丝一毫的理论问题。

常识实在论之所以有市场，在很大程度上要归功于人们想当然接受下来的因果律（the law of causality）。比如佛教讲“万法皆空，因果不空”，这句话就会让人觉得是前后矛盾的。因为，一旦因果不空，则万法皆不空，试问有何法可以脱离因果而存在?常识实在论也隐含承认了因果推论的绝对有效性，即人们的感觉必然要对应、甚至等同于外在刺激物。感觉是果，刺激物是因，因果律的绝对有效性不言自明地证实了外物的存在。

抛开因果律是否绝对有效的问题不谈，常识实在论仍然是十分脆弱的，难以自圆其说。首先，常识实在论无法解释梦境和错觉。如果感觉总是等同于实在，那么，眼睛看到水中的筷子就应该真的是变弯了；如果我们不承认筷子真的变弯了，那就必须否定感觉的可靠性。人在梦中也会拥有感觉，有人甚至报告说，梦境中的视觉景象要比清醒时肉眼所见更为清晰。其次，“幻肢”（phantom limbs）现象是常识实在论无法说明的。所谓幻肢，即被截肢的人依然会感受到来自被截肢体的疼痒等刺激。

如果我们的感觉不能作为判断存在的标准，那么，还有其他的标准吗？比如电场、磁场，超声波和次声波，还有红外线和紫外线，虽然我们无法直接感知，但可以通过科学仪器进行检测，间接地让它们向感官呈现。我要问的问题是：“对于不可感、不可测，但仅仅可以理解的事物，它们是否也会存在？比如灵魂……”对于那些超出感官探知范围的事物，我们岂能继续以感官为标准去判定其有无？你怎能因为这些事物是感官无法感知且仪器无法测量的，就否认它们存在的可能？如果你承认理性推论出来的事物也可能在现实中存在，那么，你就接受了判断存在的第三个标准，即可理解的（apprehensible）标准。加上前边可感知（sensible）和可测度（detectable），我们一共有三种判断存在的标准。

“可感”和“可测”终归依赖的是感觉，而“可理解”依赖的则是理性。很明显，可理解的存在物的范围明显要大于可感知的存在物。无论可感、可测还是可理解的事物，都属于人的认知领域中的事物，我进一步追问的问题是，人类理智不可理解的事物是否可能存在？比如圆形的方，比如一个既是过去又是未来的时刻。如果将人类的可以认知的事物范围与世界的真实存在之间进行对比，这两个集合之间有几种可能的情况呢？完全重合、部分相交、前者包含后者、后者包含前者，或者完全分离，这五种情况可以分为两类，即可知论与不可知论。

## 20．“无物存在”的论证

古希腊的著名智者高尔几亚有三个影响深远的诡辩，第一，“无物存在”；第二，即便有物存在，我们也无法认识；第三，即便是认识了，也无法将自己的认识传达给别人。我们暂且只看“无物存在”这个论证，以此来说明哲学的根本问题，即思维与存在的关系的问题。

曾经有人问马克思，世界是物质的，可物质是从哪里来的？马克思回答说，你不能这么问，因为你的问题预设了一个前提，即世界上原本没有物质；但世界原本就是物质，物质不生不灭、不增不减、永恒存在，所以，不需要从哪里来。我们会觉得这种回答几乎是回避问题的诡辩，而老子的那句“天下万物生于有，有生于无”似乎更为畅快。但马克思的回答是有西方哲学的理论背景的。首先，如果给“物质”找一个“妈”，就得继续给这个“妈”寻找“外婆”；如果承认上帝创造了世界，人们会追问谁创造了上帝，这样就会出现哲学上所谓的“无穷倒退”(infinite regression/recurrence)。

其次，古希腊时期有这样一个貌似无聊的诡辩，马克思肯定从中汲取了经验。如果有人问你：“你今天是不是不再打你老爸了?”你就不能简单地回答“是”或“不是”，合适的回答就是否定对方问题所预设的前提，即“昨天我打了自己的老爸”。马克思拒绝回答“物质从哪里来”这个问题，明显是出于同样的思路。

通过上面的简单论述，我们现在得出了第一个结论：如果有物存在，那么，它必定不是生成的，而是永恒存在的。那么，什么是永恒？永恒就是在时间上没有起点和终点。如果一个事物在时间上有起点，它在此前就不存在；如果有终点，它在此后就不存在。人生就有起点和终点，所以人不是不朽(immortal)的存在者。人类生生灭灭，而物质永恒存在。

接下来，如果有物存在，而且它在时间上没有起点和终点，这就意味着它不会被任何时间段所包含。如果一个存在物不被任何时间段包含，这就意味着它不存在于任何时间之中，即在任何具体的时间段中都不可能找到它。既然在任何具体的时间段中都找不到它，那就说明它根本不存在。因此，如果有物存在，就无物存在。

另一方面，永恒意味着无限，在空间上也不应该有起点和终点，不会被任何具体的空间所包含。一旦它被具体的空间所包含，那就意味着它小于包含它的空间，因此就是有限的存在物。既然它是无限的，就不可能在任何具体的空间中找到它，这就意味着它不存在于任何空间之中。不存在任何空间之中，就等于不存在。因此，如果有物存在，就无物存在。

总之，如果有物存在，它就不存在于任何时空之中；不存在于任何时空之中，就等于不存在。这就是高尔几亚“无物存在”的论证的关键内容，我们现在需要考虑的是：问题出在哪儿啦？

## 21．“无穷大”是无法想象的

《韩非子》一书中有个“郑人争年”的笑话，说两个郑国人吹牛抬杠，一人说自己今年800岁，与彭祖同年；一人则说自己跟黄帝下过棋，最终无法裁定谁赢，“以后息者为胜”。也就是说，如果谁在对方说过之后，再补上一句，谁就是赢家。

如果我让你说出一个最大的数字，你能够做到吗？只要你说出口，这个数字就不是最大，我只需在后边随便加上一个正数，你就失败啦。因此，“最大”“无穷大”是无法被具体化的，与其说它们是一个概念，不如说它们是行动提示。就如同路上的左转弯标志符号，它的意义就在于它的用法，它所提醒人们该有什么样的心理活动和具体的行动。“无穷大”也是这样，它不是一个固定的概念，它仅仅是某种心理活动和具体行为的一种标志而已。

回到高尔几亚的论证：如果有物存在，它必定是永恒的，而永恒意味着无限，无限又意味着时空中的“无穷大”。我们在上述分析中已经发现，“无穷大”是没法被具体化的，一旦被具体化，就不是“无穷大”啦！如果有物存在，它必然是时空中的“无穷大”，即无法被具体化，无法存在于具体的时间和空间中，即不存在。

高尔几亚的诡辩，巧妙地揭示出两个根本的哲学问题：第一，思维与存在的关系问题；第二，抽象与具体的关系问题。首先，高尔几亚假定了思维与存在的绝对同一，凡是无法想象、无法思考的事物，都是不存在的。“无穷大”无法被想象，超出了人们的思维范围，所以“无穷大”就不存在。“无穷大”不存在，那么“物”也不可能存在，因为它必须“永恒”，即在时间和空间中保持“无穷大”。

其次，当高尔几亚展开论证的时候，他故意混淆抽象与具体之间的关系。当他说“如果有物存在，它必定是永恒的”的时候，他不是在谈论具体的“存在物”（包括山河大地、草木虫鱼在内），而是在抽象地谈论世界的本原，这是从本体论上说的。然而，当他说“存在”不会被任何具体的时间和空间包含的时候，他说的“存在”就成了“存在物”，是感官可以把握的具体。高尔几亚在进行论证的时候，故意不在抽象与具体之间做任何区分。认为具体时空中的（具体的、可感的）“物”不是（永恒的、抽象的）“物”，就如同说“苹果”不是“水果”一样。

# 22. 白马论

公孙龙的“白马论”的思维方式完全是概念式的推理，与中国人取象比类的思维方式格格不入，这是名辩家在中国社会无法长期存在的原因。“白马论”颇为烦琐，但中心思想一开始就表现出来了。

公孙龙说：“求马，黄、黑马皆可致；求白马，黄、黑马不可致……是白马之非马，审矣！”[1]公孙龙的意思是说：要一匹马的话，牵来黄马、黑马都行；要一匹白马的话，牵来黄马、黑马却不行。就此而言，我们都不会表示反对，但公孙龙突然得出结论说，“因此，白马不是马。”这就把我们吓了一跳。让我们列表如下：

| 论证过程 | 公孙龙的思路 | 形式逻辑 |
| --- | --- | --- |
| 大前提 | 马 A ＝黄黑马 B | A ＝ B |
| 小前提 | 黄黑马 B ≠白马 C | B ≠ C |
| 结论 | 白马 C ≠马 A | C ≠ A |

看右边的形式逻辑的部分，一目了然。但是，看左边公孙龙的思路，我们还是难以接受，并且会生出类似《荀子·非

[1] 高流水、林恒森：《慎子、尹文子、公孙龙子全译》，贵阳：贵州人民出版社，1996 年，第 191 页。

十二子》一文中的愤慨："不法先王，不是礼义，而好治怪说，玩琦辞，甚察而不惠，辩而无用，多事而寡功，不可以为治纲纪；然而其持之有故，其言之成理，足以欺惑愚众，是惠施、邓析也。"

公孙龙的思维方式具有表音文字的逻辑思维的特征，这会让中国人心中生出一种天然的排斥，结果，即便在先秦百家争鸣的开放局面中，名辩家也仅是昙花一现。汉字是象形文字，这在很大程度上导致中国人思考问题的时候，形象思维的成分占据了上风。思维的过程就像是在看电影，一个图片接续另一个图片，几乎不需要逻辑和语法的连缀。最明显的表现就是中国的古典诗词，比如"枯藤老树昏鸦，小桥流水人家，古道西风瘦马"，一连串的名词堆砌在一起，就成了绝妙的诗。这可苦了那些将此诗翻译成英语的人，因为首先要考虑的就是时态、单复数、连接词等一系列语法问题。随便拿来一篇官方文章，并试着翻译一下，你就会发现，你必须不停地寻找主语是什么？宾语是什么？

为了检验你的思维方式是否仍停留在"看连环画"的阶段，我们假想这样一个场景：早晨起来，你倒了一杯开水放在桌子上。当你转身离开的时候，你的舍友在杯子中加了几块冰糖。你稍后重回宿舍时，"这杯水还是原来的那杯水吗？"

如果你认为糖水与淡水是同一杯水，请想一想，你是否是以"看电影"的方式在形象地再现上述场景？那么，我接着问你，如果舍友在你杯子中加入的是"砒霜"，这杯毒水还是原来的那杯水吗？如果你依然认为是同一杯水，那么，你最好端起来喝了。你已经达到了胡适《差不多先生传》一文中所说的"圆通”境界——死了跟活着都一样。

西方哲学却没有这么“圆通”，甚至会认为“聪明的苏格拉底”和“文雅的苏格拉底”不是同一个人，因为被规定的对象的属性发生了改变，这个对象也就发生了改变。[1]就如那杯糖水不再是原来的那杯淡水，同理，“聪明”的苏格拉底与“文雅”的苏格拉底也不再是同一个人。如果我们不是以“看电影”的方式在进行思考，而是对概念的内涵和外延进行分析，就很容易明白西方人为什么会这样思考。

一个概念的内涵越丰富，则其外延越狭窄；相反，其内涵越贫乏，则其外延越广阔。譬如将苏格拉底视为一个概念，就需要一系列的规定性：男、古希腊人、哲学家、已婚……去掉其中任何一个规定，其所指的对象就可能不再是苏格拉底，而是其他的人。因此，一旦改变了一个对象的规定性、属性，或者说是摹状词（即修饰语），那么，所指的对象就不再是原来的对象，这是完全符合逻辑的。因此，糖水与淡水不再是同一杯水，聪明的苏格拉底与文雅的苏格拉底不再是同一个人，同理，“马”是“马”，但“白马”不再是“马”。西方哲学中有人以同样的方式思考，甚至于提出，只能说“马是马”（A horse is a horse）、“跑是跑”（Running is running），但决不能说“马在 / 是跑”（A horse is running）。[2]

在哲学上，提出问题可能比解决问题更为重要；论证过程

[1]（德）黑格尔：《哲学史讲演录》第二卷，贺麟、王太庆译，北京：商务印书馆，1983，第 129 页。

[2]同上，第 130 页。

可能比得出的结论更为重要。因此，不要因为结论与常识相左而斥之为胡言乱语，要知道，那些制造诡辩的人并不缺乏常识。他们不需要我们气急败坏地教导他们何谓常识，反倒是我们需要理解他们的思路，并汲取其中的合理因素。

## 23. 坚白论

一个正方体，我们一次最多只能看到三个面，但是我们心中却有一个六个面的立方体的概念。这个六个面的立方体是我们用眼睛直接“看”出来的吗？显然不是，立方体的概念已经被我们进行了理性的加工，是心灵构造出的一个思维产品。同理，你能够“看”出来一块石头吗？我认为不能！我曾经去过一个住宅小区，里边有喷水池，喷水池旁边有大石块，我以为我“看”到了石头。但后来我发现，石块上有窟窿，一脚就能把这所谓的“石头”踹破。

公孙龙认为，“视不得其所坚，而得其所白者……拊不得其所白，而得其所坚。”我们用眼睛看，只能够看出颜色，而看不出硬度；用手摸，则只能摸出硬度，而不可能摸出颜色，除非你拥有了神通。当用视觉把握石头的时候，硬度就隐退并藏了起来；当用触觉把握石头的时候，颜色就隐退并藏了起来。公孙龙说：“藏故，孰谓之不离？”颜色与硬度，相互躲避、不能打照面，当然“坚”与“白”就是相互分离的。

有人可能会说，自己不但“看”，同时还动手“摸”，这样，

“坚”与“白”不就在自己的知觉中统一起来了吗？公孙龙的回答是：“无坚得白，其举也二；无白得坚，其举也二。”我们虽然可以说“石头是白色的”，或者“石头是坚硬的”，但却永远不能说“白色是坚硬”，也不能说“坚硬是白色”，因此，“坚”与“白”完全无法相融合，“其举也二”。公孙龙的潜台词似乎是说：“日常语言中，你可以说‘坚白石’，但从逻辑的角度看，这是词语的滥用，是一种错误的语言！”

公孙龙的“坚白论”十分伟大，因为它揭示出了事物的属性与属性之间，以及本质与属性之间的关系，逼迫我们去思考事物的本质到底是什么。如果眼睛只能把握颜色，而触摸只能把握硬度，但颜色不是石头，硬度也不是石头，那么，我们口口声声说的“石头”是什么？

## 24.“实体”观念的产生

前文已经提到象形文字与表音文字的差异，一个标志性的区别就在于象形文字中的“系动词”的弱化，甚至是消失。比如，“师者，所以传道授业解惑也。”句子中没有“系动词”。再如，“马，蹄可以践霜雪，毛可以御风寒。”一旦翻译成英语，就必须补上“系动词”，不然就不成句子，就犯了语法错误。一旦“系动词”存在，就必须考虑“主系表结构”中的主语与表语之间的关系。

| | 主语 | 系动词 | 表语 | |
|---|---|---|---|---|
| 理性（reason）把握永恒的本质 | 实体（substance） | be | 表象（appearance =representation） | 感官（sense）把握多变的表象 |
| 观念（idea）观念论（idealism） | 石头（the stone） | 是（is） | 白色的 color<br>坚硬的 density<br>圆形的 size<br>冰冷的 temperature<br>腥臭的 smell<br>其他属性…… | 属性（quality） |

在上述表格中，我们看到表音文字很容易在语法结构中凸显主语与表语的关系，从而使人们不得不反思本质与属性的关系。系动词后边的表语所表达的一切，都是眼耳鼻舌身所得的色声香味触，是事物所具有的特定属性，但绝不是事物本身。这就意味着，我们用感觉器官并没有把握到事物本身，而只是把握到事物向我们所呈现出来的表象。西方哲学中的 appearance 和 representation 通常被翻译为“表象”。在这里有必要分析一下 representation 的构成，词根 present 表示“当下”“现在”“在面前”。比如，如果有一天同学们毕业了，各奔东西，忽然有一天你想起同宿舍的某位同学，就把当初拍的照片拿出来看。这个照片不是同学本人，但它能够起到让同学重新来到“面前”的作用，所以，照片具有 re-present 的功能。represent 是“代表”的意思，“人民”没有去北京开会，但是“人民代表”去了；“石头”并没有直接与我们打照面，但是“石头”派来了它的信使和“代表”，即包括颜色、气味、硬

度、形状等在内的各种属性，这些属性向我们诉说着“石头”的间接“在场”(present)。

现在的问题是，那个间接在场的“石头”究竟是什么？如果它不是任何一种属性，它能够是属性全体的集合吗？或者它是隐藏在属性背后并支撑属性的一个载体？西方哲学接受了这种载体的假想，认为真正的“石头”就是属性的载体，是各种表象背后的本质，即 substance，汉语翻译为“实体”。这种对于“实在”的看法被视为基础主义（fundamentalism)。就 substance 的构成来说，stance 表示立场，而前缀 sub 表示“在什么之下”。比如 subway，“地铁”就表示在地面之下；而 submarine 则表示在海水之下，因此是“潜艇”的意思。同理，作为实体的 substance，表示“在当前可见的立场之下”，只有用人的思维和理性才能够把握。因此，西方哲学家就会把真正的“石头”理解为超越感性认识的一个“理念”，或者叫“观念”，即 idea。

具体的石头会有各种各样的属性方面的差异和表现，比如方石头、圆石头，乃至不方不圆的石头，这些具体的属性是多变的、不固定的，然而，作为“观念”存在的“石头”，却是永恒的、固定的，不会因为属性的差异而更改石头的本质，所以，这个“观念”才是真正的“实体”。于是，西方哲学会把具体的可感事物看作是处于流变中的假象，而那个永恒的“观念”才是最真实的存在。如果你很顺利地理解了上述阐释，那么，你就进入了西方哲学的思维模式，也成为一个柏拉图式的客观唯心主义者。唯心主义的英文即 idealism，当前已经有很多学者认识到“唯心主义”是个误导人的不甚恰当的翻译，译为“观念论”更为合理。但既然已经约定俗成，大家也只好将错就错、以讹传讹了。

有人说，整个西方哲学都是柏拉图哲学的注脚，所以，一旦你理解了上面的论述，你就理解了西方哲学的精神。当然，中国人可能会禁不住要嘲笑这种哲学结论。尤其是当他们发现当代西方哲学开始反对“实体”观念和基础主义之时，认为我们中国哲人一开始就比西方人高明，因为中国哲学根本不会从实体和表象的角度来思考事物。这种心态十分欠妥，颇有点“巧者劳而智者忧”（《庄子·列御寇》）的意味。然而，西方哲学反抗传统形而上学，是在进行彻底的自我批评。他们已经走过了“否定之否定”的辩证过程，而我们是不是还停留在原地呢？

中国哲学当然也讲“格物致知”，但这里的“物”一向被当作“事”来理解。郑玄在注解《礼记·大学》篇中“致知在格物”一语时说：“格，来也；物，犹事也。”宋代的朱熹认为，一物不格，即缺一物之理；一书不读，即缺一书之理。害得王阳明格了七天七夜的竹子，最后累病了。但王阳明也终于领悟到“心外无物”。并且王阳明再次明确指出：“先儒解格物为格天下之物，天下之物如何格得？且谓一草一木亦皆有理，今如何去格？纵格得草木来，如何反来诚得自家意？我解格作正字义，物作事字义……”（《传习录下》）从郑玄到王阳明，中国哲学折腾了一千多年，最终的结论就是将“物”(material) 与“事”(event) 等同起来。这是中西哲学分道扬镳的岔路口，material 一旦变成了 event，人们就放弃了对于自然事物的好奇心，把注意力放到了琢磨人情世故之上。当然，我们可以称中国哲学的这种特色叫“内在超越”。

# 25. “特修斯之舟”的问题

假设有一艘船，以古希腊神话英雄特修斯之名命名。此船年久失修，原来的木甲板被一块一块拆卸下来，并被换成了铁甲板，一直到整个船都变成了铁甲船。但船上的船员习惯于称之为“特修斯之舟”，虽然这艘船与原来的木船没有一丝一毫的相同之处。此时，有好事者将原来拆卸下来但却没有丢弃的木甲板重新组合，并且结构也与最初的“特修斯之舟”一模一样。现在的问题是，铁甲船是“特修斯之舟”呢？还是这艘重新组合的木船才是真正的“特修斯之舟”？或者说，这个木质的“特修斯之舟”与铁甲“特修斯之舟”还是同一艘船吗？如果它们已经不是同一艘船，那么，是从什么时候开始，“特修斯之舟”不再是原来的那艘船了？我们将从木船向铁船的逐渐转变过程形象化地图示如下：

ABCD → BCDE → CDEF → DEFG → EFGH

有人认为当木质的“特修斯之舟”换下第一块甲板时，她就不再是原来的船。但是，这样一种界定会产生极其严重的后果。让我们现在把这艘“特修斯之舟”看作是人的身体，人体的细胞每七年时间彻底更换一次，像我这个年龄，至少有 5 个不同的 James 在地球表面漫游过，但我们却认为这 5 个不同的

James 是同一个人，根据何在呢？如果说一个事物每出现一丝一毫的改变，就不再是原来的它，而是变成了另一个东西，这会让整个世界陷入混沌之中，人类将无法把握任何事物，无法获得任何知识。

请假想这样一个荒谬的情景：上个月你借同学 2000 元钱，买了一个手机。今天晚上他去你宿舍要你还钱，但是，你慢悠悠地拿着指甲钳，把手指甲剪完之后，跳起来说："我已经卸下了十块'甲板'，我已经不再是原来向你借钱的那个人。谁问你借了钱，你就问谁要。现在的我没有借你一分钱，当然也不需要还你一分钱！"王夫之就曾经提出人性"日生日成"的观点，并在《思问录·外篇》中引用张载的话说，人的爪发、肌肉，日长日消，但人不自觉而已。

有人可能会改口说，那就把换下最后一块甲板的时刻看作是"特修斯之舟"发生质变的时刻。然而，将发生改变的时刻界定在最后一块甲板，与界定在更换第一块甲板的时刻相比，并没有本质的差别。它会导致同样的结果：一个事物只需要发生一点点微小的变化，就不再是原来的事物了。古希腊哲学的麦加拉学派有一个"秃头"诡辩，是说"拔一根头发就能造成一个秃头"。拔下一个人的第一根头发的时候，他当然还不是秃头，但是，可以持续拔，直到只剩下两根头发的时候，还可以梳一个中分的发型。再拔一根，就是剩下最后一根；把这最后一根头发也拔了，那么，秃头顷刻之间就出现了。我们知道，人每迈出一步，膝盖都要承受身体的重量，有很多细胞要因此牺牲。那么，我迈出这一步之后，自己就变成了一个完全不同的全新的了人吗？

既然我们自身和外在事物一样，时时刻刻都处于流变之中，那么，我们将一个事物视为同一（identity）的根据何在？感性的根据显然已经不再有效，那么，还有其他的方法可以确定“人格同一性”吗？

## 26. 记忆与DNA

如果你见到过宣扬佛教的小册子，上面一定会有论证“轮回转世”的小故事。这些故事采用的论证方法通常就是“记忆”——一个小孩子能够回忆起自己的前生往世，这就说明，他上一辈子是某某人。肉身虽然变了，但居住在肉身中的那个人却始终是他自己，也就是说，“记忆”保证了人格的同一性。果真如此的话，那么，凡是拥有相同记忆的人，都应该是同一个人。如果某个山区出生的小孩子能够回忆起尼采一生大部分的经历，甚至能够复述尼采著述中的大部分篇章，我们就会认为这个孩子就是曾经的尼采。

我们假设这个小尼采出了车祸，身体被压扁了，只剩下了脑袋能够通过医学手段保留下来。并且，这个脑袋保留了完整的记忆，还能与你进行正常的对话，偶尔还龇牙对你笑。我们会认为尼采还活着，虽然他没有了身体。

但是，后来这个脑袋也无法保存下来了，但却能够将尼采的记忆完整地提取出来，比如，放到了一个U盘中。那么，我们是否会认为这个U盘就是尼采呢？当然不行，因为我们觉得他缺少一个身体。如果我们把这个U盘中存储的记忆输入到了一个猴脑袋中，那么，这只猴子是否就是尼采？如果你觉得是的话，我们就把这份记忆输入到十只猴子的脑袋中，是否这十只猴子都是尼采？显然，我们无法接受这样的结论。

这些貌似无聊的假设能够说明什么呢？它不但能够告诉我们，“记忆”不是“人格同一性”的担保，而且还告诉我们：如果一个人可以在同一时刻出现在不同的地点的话，我们会认为那不再是同一个人。我们通常的看法是，一个人在不同时间居留在同一个空间中，他虽然经历了时间的变迁，他还是他自己。比如，我们的课堂，从上课到下课，没有人会认为下课时的自己与上课时的自己是不同的人。但是，假设你有佛道教中所说的神通，能够分身，你身在郑州，还能同时分身去武汉跟自己的女朋友谈恋爱，学习恋爱两不误。问题是，如果你真能分身，你愿意这样做吗？那个跟你女朋友谈恋爱的人是你自己吗？这就如同那十只均认为自己是尼采的猴子一样，在同一时刻出现在不同的空间，我们无法认为他们是同一个尼采。

课堂上也有人曾提出DNA的问题，其实，DNA与“记忆”会面临着同样的处境。假设克隆技术可以运用到人身上，同时复制出一千个James，他们与我长得一模一样，甚至有着同样的记忆。虽然他们与我一起出现在时空之中，但我会认为他们全是赝品，无论该将他们当作我的弟弟还是我的儿子，反正，他们不可能是James，因为James是“第一千零一个”。

# 27. 轨生物解的名相

马克思的哲学拒绝纯粹形而上学的思辨，它把人看作一个拥有各种欲望和能力的感性的存在，因此人的本质也不可能通过理性的思辨来把握。马克思主义哲学认为人的本质是社会关系的总和，这样一种解读似乎能够很好地解决“人格同一性”问题。

一个人的同一性如何保障？很简单，他是某个人的儿子、某个人的父亲，或者某个人的丈夫，他要吃饭、要工作，于是就又成了某个单位的员工。整个社会就像一张网，而他就是这张网上的一个网眼；整个社会就像一盘棋，而他就像棋盘上的一个棋子。人是什么？人是一系列的社会关系的纽结，担当并执行着一系列的社会功能。就像棋盘上的卒子，我们不去考虑这个卒子是橡胶做的，是木质的还是陶瓷的，只要它能够执行卒子的功能，它就保持了自身的同一性。人也是如此，不管你睡一觉起来，是否变成了双眼皮，甚至变成了一只甲壳虫，那都没有关系，只要你还发挥着吃饭、穿衣、工作等功能，你就依然是你。马克思否定人的形而上学本质的做法与维特根斯坦（Ludwig Wittgenstein，1889—1951）否定语词本质的做法，几乎如出一辙。

以这样的方式来界定人的本质，自然免除了形而上学中出现的“人格同一性”的问题，但是，至少我会对此耿耿于怀，因为我觉得这样定义出来的那个我，与真实的自我毫不相关。那是别人眼中的我，是别人构想出来的我，并且每一个人的眼中都会有一个他自己构想出来的 James，但事实上，他们完全不认识我，他们只是认识了自己创造出来的概念的集合体。

古希腊的麦加拉学派还有一个“隐藏者”的诡辩。如果有人问你是否认识自己的老爸，你一定会做出肯定的回答。但是他又问你，“那个隐藏在帷幕背后的人是谁?”你说你不知道。然后他拉开帷幕，惊呼道：“这个人就是你老爸，其实你并不认识你老爸！”[1]

这个诡辩说明，我们所认识的世界，不过是自己构造出来的一个观念体系；而我们自以为认识的一切事物，则不过是一些观念的组合。眼耳鼻舌身得到的感官刺激，唤醒了自己心中的一个观念组合，我们就恍然大悟，“啊哈，那是我老爸！”

用佛教术语来说的话，我会有“万法皆空”的感觉，因为我们根本没有把握到事物本身，更没有把握到永恒不变的确定性。在变动不居的时空之中，没有任何事物能够存留不变，我们所谓的山河大地、草木虫鱼，乃至自己认识到的人和事物，都只是心灵创造出来的观念集合而已。说这些事物“如梦幻泡影”“如梦亦如电”，丝毫不为过。

玄奘的《成唯识论》开篇之处就对“法”做了解释，“法谓轨持。轨谓轨范，可生物解；持谓任持，不舍自相。”“法”大体类似于我们中国人所说的“事物”，依照《成唯识论》的解读，“法”有两层含义，其一，任持自相，比如之前提到的“特

---

[1] 苗力田主编:《古希腊哲学》，北京：中国人民大学出版社，1989 年，第 223 页。

修斯之舟”，随它怎么变化，它毕竟是“舟”，而没有变成一条狗，作为“舟”的相还是存在的。其二，“轨生物解”，为了理解和言说的方便，就对外物进行了规范和划界。现代人不了解青铜器，所以，用“青铜器”一个词语就涵盖了所有的器型，这是为了言说和理解的方便。但古人如果也这么做，反而就不方便了，因为那会导致指代不明。因此古人的青铜器名称颇为繁杂，比如：鼎、鬲、甗、斝、觚、觯、尊、卣、盉、罍、彝、爵。据说阿拉伯人对骆驼有上千种叫法，显然不可能是为了自寻麻烦。

这些名相全是无中生有的造作。人到底是什么？自在之物是什么？始终还是一个待解的谜。

3

第三章

# 运动、时间与生死

*Qitang Jijian Zhexueke*

# 28. 面对时空的两种不同倾向

我们倾向于认为，在同一空间经历了不同时间的事物，就是同一个事物，具有同一性。比如，自己去年买的、并且用到目前为止的手机，当然，还有自己活了几十年的这个身体，我们不会认为上一秒钟的自己与这一秒钟的自己是两个毫不相干的人。然而，在同一时间出现在不同空间的事物，我们却倾向于认为不是同一种事物，不具有同一性。上一章论及人格同一性的时候，我们谈到了“分身”的情形。如果一个人可以坐着听课的同时，还能够分身去老家孝敬父母，再分身去外地同女朋友谈恋爱，那么，你会认为自己的“分身”与自己完全同一吗？事实上，你可能想一刀劈了那个代替你谈恋爱的“分身”。

很明显，我们在看待时间的时候，不由自主地假设了时间的连续性，从而想当然地强调了自我在历史中的同一性。但是，当我们面对空间问题时，却又不自觉地采取了完全相反的态度，强调的是空间的可分性，或者叫断裂性和非连续性(discontinuity)。如果时间是断裂的，那么，随着每分每秒的流逝，就会有多个完全不相干的自我相继出现，结果，我们就无法确定自我的存在和同一性。如果空间是连续的、统一的，不可分的，那么，在老家孝敬父母的“分身”和在外地同女朋友谈恋爱的“分身”就没法同自己完全区分、彻底割裂。进一步讲，自我与他人也很难分离开来，结果，自我就掩埋在了天人合一的混沌之中，同样没办法确定自我的存在和同一性。

在任何一个拥有健全的自我意识的人心中，早已经预先接受了对待时空的这两种完全不同的倾向。空间可以用身体的广延去度量，比如一指、一肘、一步、一尺，都是在用身体作为度量标准。这种度量是可感知的，具有直观性，从而加强了人们的这种倾向性认识，即空间可以分割。而时间却无法用感官直接感知和把握，要感知时间，就要保持精神的绵延。时间具有的这种难以捉摸的性质，加深了人们对时间的那种整体性和连续性的认知。而要度量和计算时间，就需要想办法将它投射到形而下的可感知领域，心灵感知的绵延不得不采用空间作为参照系。可以说，空间的可分性质，恰好是度量时间的前提。亚里士多德在谈论时间的时候，完全是用空间的位移变化为参照。事实上，除此之外，根本就没有其他途径可供选择。

## 29. 如何判断时间

2015 年中央电视台《挑战不可能》节目中，来了一个初中生，她的生物钟十分准确，能够不看钟表，只凭借精神的绵延来断定逝去的时间的长短，分秒不差。我原以为她会挑战至少几十分钟的时间长度，结果，她挑战的时间长度只有 2 分钟左右，并且她的手下垂在大腿侧，食指在敲打着节拍。她依旧在靠外在的空间位置的移动变化作为参照来确定时间。如果一个人可以在感觉剥夺实验的条件下，排除任何光亮、声音（包括自己的心跳声），即在剥夺了一切外物对感官刺激的条件下，完全依靠清醒的意识来准确报时，那才是真正值得震惊的。事实上，没有任何人能够做到，不但不能做到，而且还会出现各种幻觉，乃至出现精神病症。

亚里士多德说："时间也不能脱离变化。因为，如果我们自己的意识完全没有发生变化，或者发生了变化而没有觉察到，我们就不会认为有时间过去了。正像是那些神话中在萨尔丁岛上在英雄们身边睡着了的人们，在醒来时所以为的那样。因为他们把前一个现在和后一个现在重合在一起，当作是一个，由于没有觉察到而除去了中间的一段时间。"[1]就是说，时间意识的产生，需要人们觉察到外在事物的变化。

上帝在《圣经·创世纪》中说："天空要有光体，以区分昼夜，做记号，定节令，计算年日，发光普照大地。"几乎一切民族的历法，都是以日月星辰的运转变化作为外在的标记的。比如中国古代的立杆测影的做法，在一天之内看日影的长短来定时辰，在一年之内看日影的倾斜角度来定四季，日晷完全是在此原理上设计的。中国神秘的太极图，据田合禄先生的研究，也是立杆测影的结果。太阳在南北回归线之间来回游走的时候，立杆所测定的日影，恰好形成了太极阴阳鱼的图形，详见田先生所做《论太极图是原始天文图》一文，今录其图如下：

---

[1]（古希腊）亚里士多德：《物理学》，张竹明译，北京：商务印书馆，1982年，第123页。

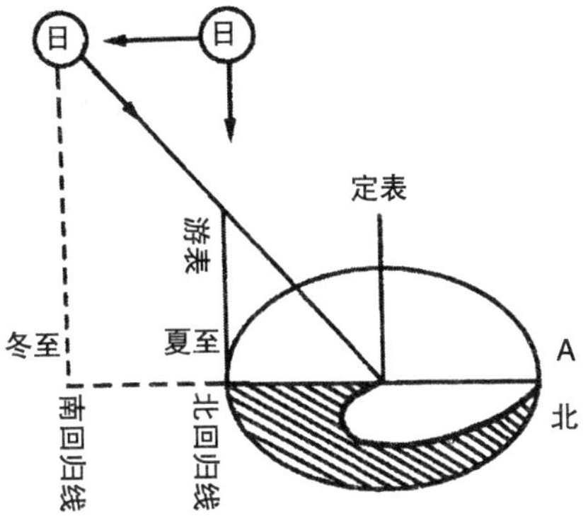


观测天文并制定历法非一人之力可为，也非短期观察可以完成，以至于伏尔泰对中国文明推崇备至，称中国是一个“在我们还是野蛮人时便已完全开化的民族”。[1]这种坦荡和开阔的胸怀，实在让人敬佩。而一些过度热爱中国传统文化的人，完全没有做到《礼记·曲礼》中所谓“好而知其恶，恶而知其美”的要求，一味排斥西方文化，故步自封、自高自大，总是认为西方一切发明和创新，中国“古已有之”。钱玄同骂这种人“不但可笑，而且无耻。”[2]人们不是十分推崇见贤思齐的品质吗？然而，百年光阴，倏忽而逝，钱玄同的话到今天也不能算作无的放矢。

回到正题，即时间、空间和运动变化的关系问题。可以说，僧肇的“物不迁论”将这个问题推向了极致，要理解“物不迁论”，就必须牢牢把握一点：时间是由空间位移来确定的。

---

[1]（法）伏尔泰：《风俗论》，梁守锵译，北京：商务印书馆，1994 年，第 241 页。
[2]张宝明主编：《新青年·随感卷》，郑州：河南文艺出版社，2016 年，第 99 页。

# 30. 物不迁论

一种常识的看法认为：一切事物都是运动的，运动是绝对的，而静止则是相对的。但佛教著名论师、鸠摩罗什的弟子、东晋时期被誉为“解空第一”的僧肇却提出了完全相反的“物不迁论”，即现象界的一切事物都不存在任何运动变化。这种可怪之说足以同高尔吉亚“无物存在”的论证相媲美。我们看看“物不迁论”的前半部分：

> 夫人之所谓动者，以昔物不至今，故曰动而非静；我之所谓静者，亦以昔物不至今，故曰静而非动。动而非静，以其不来；静而非动，以其不去。然则所造未尝异，所见未尝同。逆之所谓塞，顺之所谓通。苟得其道，复何滞哉？
>
> 伤夫人情之惑久矣，目对真而莫觉！既知往物而不来，而谓今物而可往！往物既不来，今物何所往？何则？求向物于向，于向未尝无；责向物于今，于今未尝有。于今未尝有，以明物不来；于向未尝无，故知物不去。复而求今，今亦不往。是谓昔物自在昔，不从今以至昔；今物自在今，不从昔以至今。故仲尼曰：“回也见新，交臂非故。”如此，则物不相往来，明矣。既无往返之微朕，有何物而可动乎？然则旋岚偃岳而常静，江河竞注而不流，野

马飘鼓而不动，日月历天而不周。复何怪哉？

对僧肇物不迁论的注解甚多，但总结而言，基本上可以归纳为这样一种理解：过去的东西在过去，没有来到现在；就它没有来到现在而言，它变迁了；就它存在于过去而言，它没有变迁；就它变迁而言，人们所站的立场是现在，以现在为参照去考察过去的事物；就它没有变迁而言，人们所站的立场是过去，是以过去为参照去考察过去的事物；以现在为参照，就是以事物不在其自身的时空点（即过去）为坐标来衡量事物；以过去为参照，就是以事物是其所是的那个时空点为坐标来判断事物。总结来说，我们之所以认为事物发生了运动变迁，是因为我们采取了事物自身之外的立场；如果我们采取了事物自身的立场，那么，运动变迁就不存在啦！

## 31. 仁者心动

唐代禅宗大师六祖慧能的《坛经》中有一段著名的关于"运动"的争论："时有风吹幡动。一僧曰风动，一僧曰幡动。议论不已。惠能进曰：'非风动，非幡动，仁者心动'。"（《行由品第一》）课本上都会把慧能说成是主观唯心主义者，这给人一种错觉，似乎慧能的逻辑是掩耳盗铃式的可悲噱头。你若嘲讽哲学家弱智，那只能说明，你没有理解他们。但是，慧能到底想说什么？如果我把粉笔从左手递到右手，难道运动不存在吗？难道是因为我自己“心动”了吗？如果我坐火车从开封来到郑州，火车没有运动吗？如果火车没有运动，我如何会来到郑州？我们先看一下这幅图：

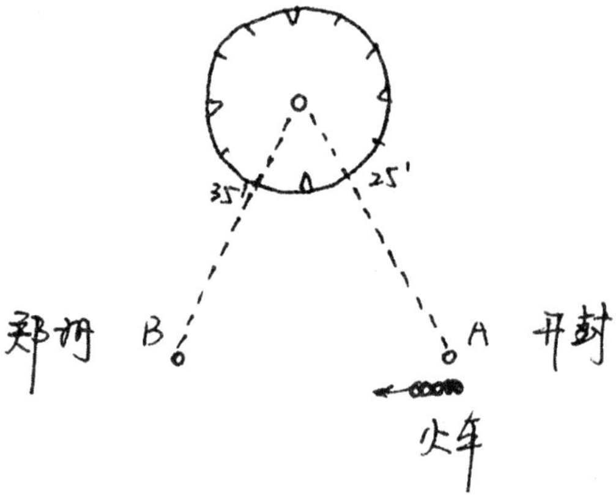


假设说一辆高速列车从开封开到郑州共用十分钟时间，从25分出发，到了35分时到达。根据前边的论述，时间始终是通过可感知的事物在空间的移动来确定的，无论是日月星辰的旋转，还是用立杆测影的方法，实质都是相同的。至于日晷、沙漏和手表，不过是日月星辰旋转变化的曲折表达而已，我们完全可以将手表看作是太阳和地球旋转运动的迷你版，就如同地球仪是地球的缩小版。本质是相同的，区别仅在于比例尺的大小。

就上图而言，让我们假设，手表中心的小圆圈就是太阳，太阳神阿波罗坐在上面，打着手电筒照向地球。我们如何确定25分这一时刻？当然就是手表的分针指向25分刻度的那一刻，即太阳光照射到开封的那一刻，而这一刻是由火车在开封这个空间点为参照和标记的。同理，我们如何确定 35 分这一时刻？当然就是手表的分针指向 35 分刻度的那一刻，即太阳光照射到郑州的那一刻，而这一刻是由火车在郑州的这个空间点为参照和标记的。

好的，既然时间的确定是以空间为参照并标记出来的，那么，我们当然可以将时间的标记还原为空间的标记。在这里，“25 分”就等于“火车在开封时”；同理，“35 分”等于“火车在郑州时”——这是完全没有问题的吧？我们通常理直气壮地捍卫自己的常识，认为火车就是从开封运动到了郑州，谁若对此加以质疑，俨然就是在羞辱人民大众的智商一般。理由通常是这样的：

“25 分时，火车在开封；35 分时，火车在郑州，所以，火车是运动的！”

好吧，让我们把时间标记还原为空间参照系，然后再看看这句表述，会很奇妙的。

“火车在开封时，火车在开封；火车在郑州时，火车在郑州，所以，火车是……静止的！”

我知道，如果论述到此结束，大家肯定有种“能胜人之口，不能服人之心”（《庄子·天下》）的感觉。如果火车是静止的，我是怎么从开封来到郑州的？或者换种说法，除非开封就是郑州，否则，我怎能完全处于静止状态，但却从开封来到了郑州呢？

# 32. 念念不住

这次我来扮演禅师，接着讨论“风动幡动”的问题。不再拿开封到郑州的火车做类比，就以粉笔从左手移到右手为例，难道没有运动吗？好，现在我要问你：“现在粉笔在哪里？”很简单，在我的右手。我要继续问你：“现在粉笔是运动的吗？”很显然，粉笔处于静止状态。我要问你第三个问题：“你为什么认为粉笔运动了？”你可能会说：“刚才粉笔在你左手，现在粉笔在你右手，粉笔在不到一秒钟的时间内从你的左手移动到了右手中！”

我要问你第四个问题：“你为什么要以左手为参照，来判断右手？为什么要以过去（即你说的“刚才”）为参照，来定义现在？你说的那个‘刚才’难道不是仅仅存在于你的‘观念’之中吗？如果没有这个‘刚才’的‘观念’作为参照，你能够形成‘运动’的见解吗？你这种‘运动’的见解不正是建立在自己的‘观念’之上的吗？简言之，‘运动’不正是你自己的‘心’构成造出来的吗？”凡是以自身之外的事物为参照，并通过对比得出的“观念”，都是建立在“关系”之上，而不是事物自身具有的固有属性（intrinsic quality）。用佛教的术语，即因缘和合而生，条件一旦解除，也就会消失。比如，黄色和蓝色混合在一起，呈现出了绿色，一旦没有这两种颜料的混合，此处的绿色就不可能存在，这就是因缘和合的条件。

再举一个例子，你身高 170cm 到底是高是矮，还是不高不矮？这要看你以谁为参照，以姚明为参照，你就太矮了；以幼儿园的孩子为参照，你就太高了；换一个跟你身高相当的人来对比，你就不高不矮。你可能会气愤地问：“那我个头到底是高是矮？”答：“人无所谓高矮，高矮没有自性，完全是派生的性质，是心灵构造出来的观念。”如果你见了比自己高的人，就自卑、忧伤；见了比自己矮的人，就自大、兴奋，那你的智商就停留在“朝三暮四”的那群猴子的境界。庄子评论说：“名实未亏而喜怒为用”（《庄子·齐物论》）。你既没有变高，也没有变矮，还是原来的自己。因为参照物的不同导致了观念的变化，从而时喜时怒，当然是名副其实的“愚痴”。

我当然知道，人们还会纠结于自己的身材高矮，就如同人们会继续纠结于运动一样。你会喃喃自语：“不管怎样，粉笔刚才在你左手，现在跑到了你的右手，这就是运动啊，亲眼所见，绝无虚妄。”你的念头停驻在“刚才”，停驻在“左手”，你念念不忘，绝不放手——这就是“执着”；而后又以这个执着的念头（“刚才”“左手”）为参照，来判断现在持着粉笔的右手，于是得出了“运动”——这就是“分别”。有了分别和执着，人就被自己虚构的“观念”捆绑束缚、不得自由，更不能放弃狭隘的立场去客观公正地审视一切。慧能说：“念念之中，不思前境；若前念、今念、后念，念念相续不断，名为系缚。于诸法上，念念不住，即无缚也。”（《坛经·定慧第四》）不要将念头“住”在过去、现在、将来，更不要以过去、现在、将来的念头为参照去衡量万事万物。“念念不住，即无缚也”，这八个字，是整个禅宗的点睛之笔，乃至是整个佛教经典的精要之处。“念念不住”就是“不着相”。《金刚经》中说：“我于往昔节节支解时，若有我相、人相、众生相、寿者相，应生嗔恨……是故须菩提，菩萨应离一切相，发阿耨多罗三藐三菩提心。不应住色生心，不应住声、香、味、触、法生心，应生无所住心。”（《离相寂灭分第十四》）

西海有圣人出焉，其心同、其理同，亚里士多德也有着类似的见解。他说：“只有当我们把握了运动之中的先与后的感觉时，我们才说时间已经过去了。通过判明先与后这两者的互不相同以及与它们不同的间隔，我们才确定了它们。因为只有在我们想到两端与中点有区别时，并且在灵魂告之现在是两个，一个是先，一个是后时，我们才可以说，这就是时间。”[1]亚里士多德所说的“先”与“后”就相当于慧能所说的“前念”“后念”，只不过人们在观念中将“先”视为过去的“现在”，将“后”视为将来的“现在”。我们之所以认为粉笔从左手运动到了右手，那是因为我们在观念中还保留着粉笔“住”在左手的那个“现在”（亚里士多德所谓的“先”），并以此为参照与当下进行对比，从而形成了运动和时间的观念。

[1]苗力田主编：《古希腊哲学》，北京：中国人民大学出版社，1989年，第436页。

# 33. 芝诺的悖论

古希腊哲学家巴门尼德（Parmenides of Elea，约公元前515—？）提出了“真理之路”与“意见之路”的区别。凡人遵循的是“意见之路”，比如认为面前的石头就是最终的实在，这是完全信赖自己的感官，并且不加任何反思。然而，“意见之路”会导致自相矛盾的结论，比如色盲人与普通人对颜色的感知就不一样，因此，“意见之路”不值得信赖。我们在第一章讨论“实在”问题时，已经拿“石头”举过例子，在此不再赘述。而“真理之路”仰仗的则是人的理性，摆脱了感官的干扰，人们就能够达成一致，比如 A > B，B > C，所以，A > C。

依照巴门尼德的理论，存在只能是完满的“一”，而不可能是“多”。当然，会有很多人反对巴门尼德，好在巴门尼德有一个超级棒的徒弟，叫芝诺（Zeno of Elea，公元前 490—公元前 425）。芝诺通过反证法来支持老师的观点，并提出了著名的四条悖论。我们先讲前三条：

第一，从 A 点永远无法到达 B 点。如果存在是“多”而不是“一”，如果空间和时间可以分割，那么，我们甚至无法从 A 点走到 B 点，比如，从开封走到郑州。因为，A 与 B 之间还有一个中点 C，而 A 与 C 之间还有一个中点 D，如此下去，以致无穷。如果你还没有完成一半的路程，如何可能会走完全部的路程呢？这种观点，就如同中国人说的“一尺之棰，日取其半，万世不竭（《庄子·天下》）”。有人想拥有花不完的钱，这个很简单，只要遵循“每次只花一半”的原则就行了。

犬儒学派的标志性人物迪奥根尼（Diogenes，公元前412？—公元前323）在同芝诺辩论时，一言不发，走来走去，以此来反驳芝诺的论题。此后，迪奥根尼的一个学生称赞老师的做法高明，但迪奥根尼并不满意，他斥责这个学生说：我们用理性来立论，也应该用理性来反驳，而不应该诉诸感官。[1]摆事实的人，未必就是在讲道理。

第二，阿基里斯追不上乌龟。如果先让乌龟爬出一米远，然后让阿基里斯从乌龟的起点处追赶。当阿基里斯追上一米远的时候，乌龟又往前爬了一尺；当阿基里斯追上一尺的时候，乌龟又往前爬了一寸；当阿基里斯追上一寸的时候，乌龟又往前爬了一厘米，如此下去，以致无穷，则阿基里斯永远追不上乌龟。

微积分的假定是无穷接近就是等于，0.9 的无穷循环等于 1。但是，我们在第一章中已经讨论过，“无穷”是没法被具体化的，你能够写出一个无穷接近从而就等于 1 的 0.9 的循环吗？你不能！只要你依然在对时间和空间进行具体的分割，那么，阿基里斯就走在无穷接近乌龟的路上。记住，是“无穷”接近，但永远无法到达。

第三，飞矢不动。中国也有类似的论题，即《庄子·天下》中的话：“飞鸟之影，未尝动也；镞矢之疾，而有不行不止之

[1]（德）黑格尔：《哲学史讲演录》第一卷，贺麟、王太庆译，北京：商务印书馆，1959 年，第 282—283 页。

时。”只要时空可以分割，那么，在每一个时间点上，箭头都停留在固定的空间点上。就如同被我移到右手中拿着的粉笔，它是静止的。无数个零加在一起，还是零；无数个静止连缀在一起，还是静止。所以，感官把握到的“飞矢”，其实始终处于静止的状态。

这些论证令人瞠目结舌，当然不会被常识所采信。这正是芝诺所要达到的目的：好吧，如果你们也感到我的结论太荒谬，那就把我的前提也一并舍弃吧。这个前提就是“存在是多”，时空可以分割。如此一来，人们就只好接受其老师巴门尼德的观点，即“存在是一”。

## 34. 太极的意义

存在是一还是多?

会有不少哲学进行调和，认为感官把握的“多”是表象，而理性认知的“一”是本质，现象界的“多”来源于、并且受制于本体界的“一”。枝叶虽繁，均来自于同一个根，就像地球上人数众多，都是来自亚当一样，中西方的哲学在面对存在问题时，采取了相似的思路。比如奥维德的《变形记》，记载天地由最初的混沌之神卡俄斯（Chaos）如何生出万物，无论是芦笛、公鸡、蜘蛛，还是向日葵、水仙花等等，全都是神化生出来的。如果神话换上了哲学的外衣，那就是新柏拉图主义的流溢说，这与中国古代的宇宙生成观颇为接近。

《易传·系辞上》中说：“易有太极，是生两仪，两仪生四象，四象生八卦。”为了形象化，我找来了一幅“太极生两仪”的图片：

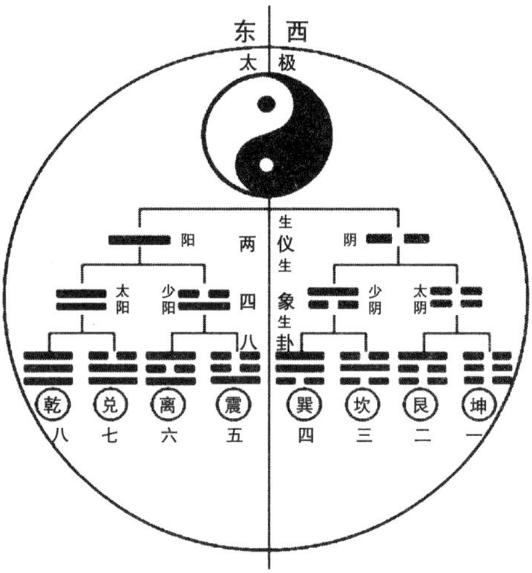


“极”是什么意思？到南极，放眼四望，皆为北方；到北极，环顾四周，找不着北。“极”能泯灭一切分别、差异，是万物混同、混沌一体的状态。杭辛斋在解释“太极”时这样说：

> 极即无对，极而益之曰“太”，则更无有可以并之而尚之者矣。是以太极者，立乎天地之先，超乎阴阳之上，非言辞拟议所可形容。盖状之以言则有声，有声非太极也；拟之以形则有象，有象亦非太极也。诗曰：“上天之载，无声无臭”，庶或似之。然无字为有字之对，有对亦非太极也。孔子于无可形容拟议之中，而形容拟议之曰“太极”，

可谓圣人造化之笔，更无他词足以附益或增损之矣。[1]

作为万物本原的太极是没有区别对待的，但现实的世界却充满区别对待，这种区别对待也被称作“矛盾”。可以说，太极是矛盾消失的地方。从没有差异的太极生出阴阳两仪的对立，就是从“一”生出了“二”，由“一”变出了“多”。老子说：“道生一，一生二，二生三，三生万物。”（《老子》第42章）表达的是同样的意思。

然而，庄子对老子这段话的解读，已经超出了宇宙生成论的范围，进入到了认识论的领域。《庄子·齐物论》中说：“天地与我并生，而万物与我为一。既已为一矣，且得有言乎？既已谓之一矣，且得无言乎？一与言为二，二与一为三，自此以往，巧历不能得，而况其凡乎？”依照庄子的理解，“天地与我并生，而万物与我为一”的混沌状态类似于太极，是无法言说的。一旦言说，就必然是“二”，而不可能在意识中保持“一”的状态，这就是庄子所解释的“一与言为二”。

在人的意向（intention）之中，只要能够意识到一物与自身等同，就产生了“一”。“一”是自身与自身的等同，是同者（the same）。随之，有一则必有二，在逻辑上，“二”甚至先于“一”。因为，如果不能分辨何为作为不同之物的异者（the other），也就无法确认什么是同者，即什么是“一”。在阿里巴巴与四十大盗的故事中，当麦尔卓娜把全村人的门上都画上相同的记号后，事先标志出阿里巴巴家门的强盗，就无法辨识出

[1]杭辛斋：《杭氏易学七种》，北京：九州出版社，2005年，第10页。

哪家是阿里巴巴家。让你在一堆照片中找出谁是丘吉尔，就需要你能够分辨出谁不是丘吉尔。要你确定一个事物是其所是，就需要你知道何物与之不同。总而言之，确立了“一”的同时，就必然已经预设了对“二”的认知。既然有了对于“一”和“二”的认识、对于“同”和“异”的认识，也就自然会出现对于“三”和万物的认识，即庄子所谓“自此以往，巧历不能得”。

## 35. 自我的发生

亚里士多德认为，“当我们感觉到现在只是作为一，并且，既不作为运动中的先与后，也不作为时间的先与后的同一，我们就不认为有什么时间已经过去了，因为没有任何运动。若是我们感觉到先与后时，我们就说有了时间。因为时间乃是就先后而言的运动的数目。”[1]在事物的运动过程中，空间位置上的先后，对应时间上的先后，从而形成了时间观念。运动观念和时间意识的产生，至少需要我们区分出“先”与“后”，区分出“彼”与“此”，区分出“同”与“异”，区分出“一”与“二”。

凡人皆有自我意识，自我是一，是 the same，是“同者”；而有了他人，就出现了二，是 the other，是“异者”。人一旦拥有了自我意识，就等于确立了“一”，这在佛教看来就是确立

[1] 苗力田主编：《古希腊哲学》，北京：中国人民大学出版社，1989 年，第 436—437 页。

了“我执”。精神正常的人必须要拥有起码的“分别心”，至少要分别出自我不同于他人，不然就会成为精神病，或者陷入儿童的匿名集体（anonymous collective）状态。此类精神病人与儿童相似，他们无法将自我与他人区分开来，看到别人跌倒，他自己反而放声大哭；他们打了别人，反说别人打了他。他们处在拉康所说的镜像阶段。

猫无法辨认出镜子中的自己，黑猩猩能够认出自己，但并不感兴趣。六个月左右的儿童进入了拉康所说的“镜像阶段”，他们能够辨识出镜中的自己。镜像的出现，使得儿童暧昧不明且有着解体危险的身体先期体验到了自身的完整性。对于孤立无援的幼儿而言，镜像就如同一道亮光，强烈地吸引着他。“他疯狂地跳进去，将外部的他者的铠甲披在身上，把自己的形象完全隐没其中。”[1]

依照拉康的研究，镜像阶段是一种自恋状态。儿童如果顽固地否定镜像，那么，他就会陷入“混沌”的危险之中，即退回到了无区别、无对待的“一”。在镜像阶段，儿童与母亲＝儿童与镜像，儿童对母亲的需要，乃是其对自己的需要。镜像阶段的儿童，尚且没有进入象征界，他将自身与母亲（镜像）直接等同，并没有使用任何作为能指（signifier）的象征符号。他同母亲（镜像）之间的关系，是一而二、二而一的关系，他的自我是“一”，是“同者”（the same），而母亲和镜像则是“二”，即“他者”。

[1]（日）福原泰平：《拉康：镜像阶段》，王小峰等译，石家庄：河北教育出版社，2002年，第44页。

在镜像阶段，母亲（镜像）作为他者，并没有担当作为中介的符号功能，并不是文化意义上的他者。要进入象征界，需要拥有菲勒斯（phallus）的父亲的出现，此处的菲勒斯仅具有隐喻的意义。作为第“三”者，父亲的出现，打破了儿童同母亲（镜像）之间的双边关系。母亲的欲望对象可以不是自己，而是拥有菲勒斯的父亲。那种欢乐的自恋幻象一旦被打碎，儿童体验到的就是被阉割感。但是，作为补偿，儿童产生了对于父亲形象的认同，希望自己成为父亲那样的人。自己也可以成为作为第“三”者的父亲，此时，父亲作为“他者”就具有了象征意义，因为“自我”作为能指符号，不但可以同母亲等同，也可以同父亲等同。同母亲等同是“一生二”，属于双边关系；同父亲等同是“二生三”，儿子、母亲和父亲就构成了三角关系。从此之后，以“自我”作为能指链条的起点，人们织就了一幅庞大的语言符号体系。“由于这个象征世界的父亲的出现，我才能够从与自己镜像争夺主人性的决斗中脱身，在绝对他者的庇护下，在象征的秩序下，进入稳定的交换关系支配下的社会关系的环中。”[1]

我们讨论自我意识的发生过程，目的在于揭示“自我”乃是一个虚构的能指符号。当然，这是一个至关重要的虚构，以语言文字为载体的能指链条的展开，要以“自我意识”为基础。进而，区别对待万事万物的“分别心”，要以“我执”为基础。如果说彼此、先后、同异的区别，即“一”与“二”的区别，均以自我意识为基础，那么，破除了“我执”，也就破除了一切

---

[1]同上，第49页。

“法执”的基础和参照系，自然也就破除了运动和时间的意识，破除了成住坏灭、生老病死等一切的名相。

## 36. 弑父与噬子

俄狄浦斯情结也是儿童进入象征界的必经之路，杀父娶母，取代父亲，若是从精神层面讲，完全就是对父亲形象的认同。古希腊罗马神话中不但有弑父的故事，也不缺少噬子的神话。我们先来看一下这个简单的神谱：

最初的混沌之神卡俄斯（Chaos）生出了天空之神乌拉诺斯（Uranus）和大地之神盖亚（Gaea）。乌拉诺斯和妹妹盖亚结合生下了独眼巨人和提坦（Titan）诸神，其中的小儿子克罗诺斯（Cronos）最为诡诈难测。乌拉诺斯害怕儿子们会取代自己的统治地位，就把他们藏在地底下很深的地方。我们要留意，因为盖亚是大地之神，乌拉诺斯把子女藏在地下，同藏到他们的母亲肚子里边是一回事。后来盖亚煽动儿子们造反，克罗诺斯最终阉割了父亲，并取得了奥林匹斯山的统治权。克罗诺斯也是同叫瑞亚（Rhea）的妹妹结合，生下了赫斯提亚（Hestia）、得墨忒耳（Demeter）、赫拉（Hera）、哈得斯（Hades）、波塞冬（Poseidon）和宙斯（Zeus），其中前三位是女孩，后三位是男孩。克罗诺斯同样害怕自己的孩子造反并取代自己的统治地位，他干脆在孩子们出生的时候就把他们活生生地吞进自己的肚子里。但他还是得到了与其父亲同样的命运，最终被小儿子宙斯推翻。宙斯也得到预言，说他老婆墨提斯（Metis）生出的孩子会比他更强大。因为有了爷爷和父亲噬子失败的教训，这次他就做得更彻底，干脆一口把自己的老婆给吞吃了。但墨提斯居然从宙斯体内生出了孩子，即智慧女神雅典娜（Athena）。

不熟悉古希腊罗马神话的话，肯定已经看迷了，现在给简化一下：

噬子的传统：①乌拉诺斯吞噬儿子克罗诺斯；②克罗诺斯吞噬儿子宙斯。

弑父的传统：①克罗诺斯阉割父亲乌拉诺斯；②宙斯推翻父亲克罗诺斯。

阉割父亲，推翻父亲的统治，其实都是俄狄浦斯王弑父娶母的故事的翻版。敌视一个人，就是对这个人所具有的（伤害和保护自己的）能力的认同，而杀死这个仇敌，就是要拥有至少与其相同的地位和能力。因此，俄狄浦斯情结中的弑父冲动，其实就是与父亲相同化的冲动。成为父亲那样的人，成为一个独立的自我，意味着要摆脱镜像阶段那种具有自恋性质的混沌和模糊。在“一生二,二生三”的异化过程中，如果说弑父的神话要表达的是“二”要否定“一”，分别要打破混沌，以及自我意识要突破匿名集体，那么，噬子的传统则表达了相反的精神诉求：“一”要否定“二”，混沌要吞噬个体，以及本原要吞噬流变。

阉割了生父并吞噬了儿子的克罗诺斯的妻子是瑞亚（Rhea），瑞亚是“流变”意思，“流变”生出的第一个儿子就是死神哈得斯（Hades），这就说明，“死亡”来自“流变”。噬子的神话，表达的是对死亡的恐惧。流变生出死亡，因为流动变化是“多”，这就意味着“多”生出死亡。用作为本原的“一”来吞噬作为流变的“多”，说明人们渴望战胜死神，获得永恒和不朽。

## 37. 伊甸园的消失

克罗诺斯统治的时期是古希腊神话中的黄金时代，也就是说，时间尚且没有被异化并分离出死亡的时候，人们生活在天堂般的世界之中。那时，世人都天真无邪，没有疾病和衰老，大地生长出人们需要的一切，人们不需要任何工艺品。工艺品是 artifacts，因为它们是人造的，所以是虚假的（artificial）。汉字“伪 = 人 + 为”，可见中外思维的相通融之处。克罗诺斯的小儿子，哈得斯的小弟弟宙斯开始统治的时候，白银时代（Silver Age）就开始了。这时，“五谷第一次在长条的田垄间播种，雄牛第一次在沉重的耕犁前呻吟。”[1]在白银时代，人们开始了农耕（cultivation），出现了农耕，也就出现了文化（culture）。（谋划）播种→（希望）收获，这是农耕的模式，自然也是文化的模式。因为人类总是在“希望”，所以失去了曾经的天堂。

为什么农耕会产生文化？经济学要从外在的器物上寻找文

[1]（古罗马）奥维德：《变形记》，杨周翰译，北京：人民文学出版社，1984 年，第 4 页。

明发展的踪迹，而哲学则一定要返回到人内在的心灵中去寻找答案。经济学会说有了农耕，生活的物质资料就增加了，然后有了定居生活，有了闲暇和艺术等等。但实际上，农耕生活同游牧生活或者采集生活的本质区别，在于人们丢失了遗忘的能力，学会了理性的推理，能够为着一个尚未实现的将来去谋划。换言之，人类学会了期待，并为所期待事物的出现而进行算计（calculation）。游牧者虽然也期望找到好的水草地，但总是在一个地方放牧过后就离开。而农耕不同，人们固定地生活在一个地点，初冬种下的小麦要到来年夏天才能收获，这个过程充满了期待，或者说是“希望”（look forward to）。希望就是向前看，向将来看，为着将来而生活，因此，生活的重心就是未来，而不是当下。

给人类带来文明之火种的普罗米修斯（Prometheus），其名字的本义是 forethought，即提前想，或者“先觉”的意思；而他的弟弟艾比米修斯（Epimetheus）的名字的本义则是 afterthought，即事后想，或者“后觉”的意思。“前思”和“后想”这兄弟两人，在给人类带来文明的同时，也给人类带来了苦难和死亡。火的使用有利于人类结束缺乏远虑的采摘生活或游牧生活，沿河而定居，抓了鱼就生火烤着吃，吃饭的问题大体解决了，生活水平也大大提高。这也是为什么人类文明总是发源于大河流域的原因，前提是学会使用火做烤鱼，“因为鱼类食物，只有用火才能做成完全可吃的东西。”[1]但文明的另一面

[1]（德）恩格斯：《家庭、私有制和国家的起源》，北京：人民出版社，1999 年，第 21 页。

就是苦难和死亡，因为弟弟艾比米修斯缺乏远虑，把宙斯送来的祸水女人潘多拉（Pandora）当作宝贝一般娶来，而潘多拉这个女人，还带了宙斯事先准备好的盒子，里边装满了惩罚人类的各种祸害。

在《圣经》中，亚当和夏娃被逐出伊甸园时，上帝给亚当的惩罚就是"劳作"，而对夏娃的惩罚则是生孩子。农耕是物质生活资料的再生产（reproduction），而生孩子则是人力资源的再生产，在本质上是相同的。《圣经·创世纪》记载上帝的话说："大地因你而遭到诅咒；你终生将通过辛苦劳作来糊口。"更有趣的是，人类堕落的原因，是在吃过禁果之后，"他们就睁开了眼睛。"堕落的表现居然是他们"睁开了眼睛"，难道伊甸园中的亚当和夏娃都是"闭着眼睛"生活的吗？人类一旦睁开了眼睛，就能够左顾右盼、前思后想，也就能够分辨善恶美丑，能够谋划和推理，能够劳作并希望，他们就由"不朽的"(immortal) 变成了"有死的"(mortal)。为什么？因为有了"希望"的能力，就失去了"遗忘"的能力；有了时间意识和历史感，死神就展翅飞来。《庄子·应帝王》一篇的结尾处讲了一个具有同样深意的寓言：

> 南海之帝为倏，北海之帝为忽，中央之帝为混沌。倏与忽时相与遇于浑沌之地，浑沌待之甚善。倏与忽谋报浑沌之德曰："人皆有七窍以视听食息，此独无有，尝试凿之。"日凿一窍，七日而浑沌死。

偷吃禁果的神话和凿破混沌的寓言都在说明同样的道理：

好奇害死猫。卢梭曾经讲到一些特别闲适的人，什么都搅扰不了他的心灵，他“只有对自己目前生存的感觉，丝毫没有将来的观念，无论是多么近的将来。他的计划，也像他的眼光那样局促，几乎连一天以内的事情都预见不到。现在加拉伊波人的预见程度，还是这样。他们早上卖掉棉褥，晚上为了再去买回而痛哭，全不能预见当天晚上还要用它。”[1]这未免说得太玩笑，但它让我们认识到，一旦个体化的人从混沌中分离出来，异化的车轮就不可逆转地滚滚向前，距离作为故乡的起源之点将渐行渐远。如何满足自己挥之不去的“乡愁”将成为哲学、文学和宗教的一个永恒的主题。

## 38. 死亡的出现

有人结婚一年之后，终于迎来了新生命的降临，全家欢欢喜喜地要举行宴会庆祝一番。但是，有一位来宾当着婴孩的父母说了句真理，惹得众人十分恼火。他说：“都高兴什么呢？这孩子早晚都得死。”

人为什么会成为有死的动物，死亡对于动物（比如猪）而言是存在的吗？事实上，猪是不会有死亡意识的，我亲眼见过杀猪，当尖刀捅入猪的心口时，猪是满眼的怒气，它不明白人

[1]（法）卢梭：《论人类不平等的起源和基础》，李常山译，北京：商务印书馆，1962年，第86—87页。

们为什么把它按倒在地。如果猪明白了这样的事实：人们像孝敬老人一般伺候自己，居然只是为了杀死自己。它们大概会吃不香、睡不着的。

只有人是在带着死亡意识而生存。人是向死的存在，之所以如此，是因为人能够把生命看成是一条线段。线段至少要由两点构成，即起点和终点，所以，在生命降生的顷刻，人们就一眼望向了终点。

人类的自我意识一旦产生，就再也不能固守着“一”，固守着“当下”，而总是越出自身，前思后想。意识如果停留并执着于逝去的某个“现在”，那就是后想；如果停留在将至的某个“现在”，那就是前思。前思后想，使得人们至少会将生命看成是由起点和终点构成的线段，是“二”而不是“一”。前思后想的远虑和谋划在给予人独立的自我意识的同时，也给人类带来了不可避免的死亡意识。

只要人们在希望，就免不了产生时间意识，也就必然要面对死亡的命运。人们在解释关于潘多拉的神话时，一直存在着一个不合逻辑的地方。宙斯为了惩罚人类，才给了潘多拉一个装满瘟疫和疾病的盒子，“希望”也是其中的瘟疫之一，而绝对不是拯救人类的法宝。正是因为“希望”——这种最噬人魂魄的瘟疫——没有从盒子中飞出，人类才有得救的胜算。

最大的希望就是对来世的希望，基督教和佛教都有这样的要求：把今生全部的劳作和苦难当作是为来世的收获做准备。宗教要我们典当自己的今生今世，以此来救赎自己的来生。上帝的救赎是 redemption，它确实要求一个典当行为作为前提。希望指向未来，忽视现在，它会造成对未来的重视和对现在的蔑视，会像吸血鬼一样吸干当下的价值和意义。为了享受未来的幸福，就必须忍受当下的痛苦；因此，一个人对未来的希望越大，他的禁欲主义作风就越明显。想要人放弃现在，就得给他许诺将来；一旦坚信今晚买的彩票到明天就能中千万大奖，那么，让他放弃当下拥有的那一丁点财产就易如反掌；一旦坚信今生的终点有永恒的生命和至福在等待自己，那么，为天堂净土或理想国而牺牲生命就不再是悲剧和痛苦，而是一种甜蜜的奖赏。尼采总是把自己批判的刀子磨到极致锋利的地步，他甚至把基督教看作是“自杀”的宗教，因为“其他的自杀方式是严厉禁止的，不过，殉教者和禁欲者的慢性自戕又是允许的。”[1]

## 39. 柏拉图的仇敌

柏拉图（Plato，约公元前 426—公元前 347）视原子论者德谟克利特（Democritus，约公元前 460—公元前 370）为自己的“对手”，以至于他把德谟克利特所有的书都搜集起来，并试图把它们付之一炬。[2]柏拉图为什么如此厌恶和恐惧德谟克利特？用流行的话说来解释，因为三观差别太大。

[1]（德）尼采：《快乐的科学》，黄明嘉译，上海：华东师范大学出版社，2007 年，第 215 页。

[2]（古希腊）第欧根尼·拉尔修：《名哲言行录》，马永翔、赵玉兰、祝和军、张志华译，长春：吉林人民出版社，2011 年，第 488 页。

首先是世界观不同，柏拉图认为存在是“一”，而德谟克利特认为存在是“多”。柏拉图用他的理念型相（Form）说来论证“一”是实在和世界的本原；而德谟克利特则通过原子说来论证“多”是世界的本原和实在。其次，人生观不同，柏拉图认为人的本质在于精神，而德谟克利特认为人的本质在于物质。柏拉图认为，感性的物质世界是理念世界的影像，连续三辈子都学习哲学，灵魂就能够长出翅膀，飞向诸神生活的圣洁世界。而德谟克利特认为，所谓的灵魂不过是一种精致的原子，如果身体内这种精致的原子不能得到及时的补充，人就断气死掉了。第三，伦理价值观不同，柏拉图敌视个性和激情，而德谟克利特则提倡尊重个性和激情。表现在生活上，柏拉图提倡禁欲主义，德谟克利特却并不否定欲望，他最多只讲节制欲望。表现在政治上，柏拉图提倡集体生活和专制统治，德谟克利特则维护民主制度和个体的权利。

柏拉图的哲学站在了“一”的立场上，继续着“噬子”的神话；德谟克利特的哲学站在了“多”的立场上，继续着“弑父”的神话。柏拉图与德谟克利特的较量，是“一”与“多”的较量，也是“生”与“死”的较量。我们反复在强调，一旦承认世界是“多”，承认时空可以分割，那么，运动的观念和时间的意识都会产生，同时，死亡的观念也随之产生。

此外，德谟克利特的原子式的世界观，会把人生世俗化。生活在马克思主义哲学笼罩之下的现代中国人，应该不难理解这一点，因为马克思肯定会推崇德谟克利特，事实上也正是如此，这是他的博士论文研究的人物。我们所理解的生命，仅只是一个时间段，而死亡就是这个时间段的终点。这段时间是均质的（homogeneous），“均质”意味着可以用钟表来度量，这一秒与下一秒是完全一样的，这一年与下一年也是完全一样的。这样的时间是彻底世俗化的时间，是生命被去神圣化（desacralized）后的残渣。常识理解中的不朽（immortal），就是这种均质的世俗时间的无限延长。有死的生命是一个“线段”，不朽的生命是一条“射线”。然而，如果生命是由嘀嘀嗒嗒的钟表度量的，如果生命就是一条“线段”，那么，即便把这“线段”无限延长，也毫无意义，有谁会认为单调和枯燥无穷无尽的放大之后，生命就有价值了呢？如果只用直线的话，你够能绘出什么样的图画？

## 40. 神圣时间

神话中的神祇的不朽，未必就是这种射线式的生命。如果没有时间意识，也就没有对死亡的恐惧。只要能够避免堕入世俗时间的意识之中，也就找到了实现不朽的途径。不朽的生命完全可以是一组曲折有致的弧线构成的图形，比如一个“圆”，或者一幅画。“在现代哲学中，时间不再被视为一个圆圈，但它仍然又一次地呈现有一种曾在印度和希腊的永恒回归的哲学中所具有的那种令人敬畏的方面。由于经过了决定性的去圣化过程，所以时间自我呈现为一种不确定的、转瞬即逝的持续，这不可避免地导向一种死亡的归宿。”[1]

依照伊利亚德的理论，首先，从空间上来说，宗教活动场所通常被视为是宇宙的中心，具有强烈的象征意义，比如，教堂会被基督徒感知为天界的耶路撒冷。而在宗教场所举行的宗教仪式，比如礼拜日的敬拜，比如圣餐礼的举行，都是在重复一种原型。礼拜日的敬拜是在纪念上帝的创世，而圣餐礼则是重复性地再现耶稣最后的晚餐。通过仪式活动周期性地回归到创世时刻，或者再现原型英雄的经历，人们的活动就浸染了神圣性。相反，纯粹世俗的活动就是没有任何范例和神话原型的活动，因而是无意义的，也是不真实的。希特勒在啤酒馆暴动的时候，一面纳粹党旗被鲜血染红了，后来这面带血的党旗就成了圣物。希特勒在举行检阅仪式时，手持这面血旗，触碰被检阅的士兵。这也算是对啤酒馆暴动这种英雄历史的再现，当然，也是参加仪式的士兵所体验到的具有神圣意义的时刻。世俗时间的特点具有均质性，是缺乏意义的直线式匀速递进；而神圣时间具有异质性（heterogeneous），是向着起源时刻的反复回归。“传统社会的人排斥历史，而且永不歇止地仿效原型，这证明他们渴求实在，以及害怕自己被俗世存在之无意义所淹没而丧失自己。”[2]

看得出来，伊利亚德所推崇的神圣时间，就是宗教信仰者

---

[1] 米尔恰·伊利亚德:《神圣与世俗》，王建光译，北京：华夏出版社，2002 年，第 61 页。

[2] 米尔恰·伊利亚德:《宇宙与历史——永恒回归的神话》，杨儒宾译，台北：联经出版事业公司，2000 年，第 79 页。

在宗教仪式中体验到的时间，这种周期性举行的宗教仪式，象征性地朝着起源时刻回归，简言之，即向着“一”的回归。神圣性的体验，来源于对“一”的体验。从空间上来说，宗教场所象征意义上的世界中心的地位，同样具有“一”的功能。中心就是“极”点，是泯灭区别和差异的地方，也就是没有发生异化的“一”。只有凿破混沌的“一”，死亡才会出现。因此，要战胜死神，获得神性的不朽，就需要通过不断地回归来保守“一”。这是宗教活动之所以具有无穷魅力的原因所在。世俗之人误以为永恒和不朽就是将自己那无意义的、均质的生命线段无限延展，从而成为射线般的存在，但这绝不是传统中的宗教信仰者所追求的生命。

道家哲学也将回归到混沌之“一”作为自己的目标。老子主张“为学日益，为道日损”，庄子则提倡“坐忘”“心斋”。庄子这样描述修道的理想境界：“至人之用心若镜，不将不迎，应而不藏，故能胜物而不伤。”（《庄子·应帝王》）听说过一句类似的话：“风来疏竹，风过而竹不留声；雁渡寒潭，雁过而潭不留影。”（《菜根谭·前集》）念念不住，活在当下，放下执着，不去分别，恰如伊壁鸠鲁所说：“我们活着时，死亡尚未来临；死亡来临时，我们已经不在了。因而死亡对于生者和死者都没有干系。”[1]如果死亡与我们毫无关系，我们就不需要关心（care）死亡；我们根本不关心死亡，所以就能够在死亡面前无忧无虑（carefree）。

---

[1]（古希腊）第欧根尼·拉尔修：《名哲言行录》，马永翔、赵玉兰、祝和军、张志华译，长春：吉林人民出版社，2011年，第575页。

# 41. 相对论

到目前为止，我们对于运动、时间和生死的讨论都是围绕着神话、哲学、宗教展开的，热爱科学的头脑会觉得这些都是鬼话、梦话、醉话，有朦胧的诗意，但却不能与生活世界的常识相协调。感谢爱因斯坦，他的相对论将我们从常识的束缚中解脱出来。

先看芝诺的第四个悖论："一半等于一倍"，这个论证揭示出运动的相对性。

$$\qquad\qquad A_1 \quad A_2 \quad A_3 \quad A_4$$
$$B_1 \quad B_2 \quad B_3 \quad B_4 \rightarrow$$
$$\qquad\qquad\qquad\qquad \leftarrow C_1 \quad C_2 \quad C_3 \quad C_4$$

A 是静止序列，而 B 序列和 C 序列的起点都在 A 序列的中点，也就是说，B 序列和 C 序列都同 A 序列有一半长度的重叠。现在，B 序列和 C 序列开始沿着相反的方向运动，当它们与 A 序列完全重叠时，就呈现出下图所示的状态。

$$\begin{matrix} A_1 & A_2 & A_3 & A_4 \\ B_1 & B_2 & B_3 & B_4 \\ C_1 & C_2 & C_3 & C_4 \end{matrix}$$

对于 B 序列而言，如果它以 A 序列为参照系的话，它只走了自身一半的路程；然而，如果以 C 序列为参照系，它则走了自身一倍的路程。这就是芝诺所谓“一半等于一倍”的意思。

如果你觉得芝诺的“相对论”犹如儿戏，那么，就让我们看看爱因斯坦的思路。理解爱因斯坦的相对论，必须首先接受“光速恒定”这一事实。所谓光速恒定，即无论观测者处于静止状态还是在高速运动中，对光速的测量结果都不会发生变化。就芝诺的上述悖论而言，假设 B 序列是一束光，无论观测者身处静止状态的 A 序列，还是身处高速运动中的 C 序列，他们测量出光的速度都是每秒约 30 万公里。

所以，爱因斯坦的“相对论”的前提是一个“绝对”的事物，即光速的绝对恒定。

然而，我们可以轻易理解并接受芝诺的“一半等于一倍”的论证，却无法理解光速恒定的事实。举例来说，如果我与一辆汽车并列前行，汽车的速度是每小时 100 公里，而我的速度是每小时 20 公里。那么，相对于我这个运动者而言，汽车的速度就降为 80 公里，因为它需要减去我的速度。然而，如果与我并列前行的不是汽车，而是一束光，哪怕我奔跑的速度达到了每秒钟 27 万公里（比孙悟空快多了），我去测量光速的话，光速并没有由 30 万公里降低为 3 万公里。

为什么光速恒定？为什么光速不符合常识中的“相对论”？

物理学（physics）没法解决的问题，就留给了哲学，即亚里士多德的“形而上学”（metaphysics）；哲学也没法解决的问题，就留给了宗教。“为什么光速恒定？”《圣经》回答说：在上帝创造万有之时，它的第一个创造就是光。不是有了发光体，然后有光；而是有了光，而后才有了包括日月星辰在内的万物。光是世间一切事物的参照和准绳，而不可以进行反转。因此，拿世间的任何事物来衡量光，都会失效。

我们不妨换一种思路：如果光速是绝对的，那么，与光速并行前进的运动者就是相对的。无论你自以为速度如何快，在“光”看来，你跟“静止”的事物没有本质区别。就如同以无穷大为分母的分数，无论分子多么大都无济于事，结果，这个分数依然与“零”几乎没有区别。

但是，光速并不是“无穷大”，而是一个每秒 30 万公里的恒定值。即便你以每秒 27 万公里的速度前进，在“光”看来，你依然同“静止”状态没有区别。也就是说，你的每秒 27 万公里的速度，只能是以“静止”的事物为参照的速度，如果以光速为参照，你就没有速度。

现在的问题是，我这个每秒 27 万公里的高速运动者（以“静止”事物为参照系）如何在“光”的面前“相对”地慢下来，慢到与“静止”之物相似，从而使得光速保持了 30 万公里的恒定速度。也就是说，运动者必须相对光速而言放慢下来，从而使光速的绝对恒定得以保持。

但是，如何让自己的速度慢下来？

答案似乎很简单，速度等于路程除以运动所耗费的时间，所以，要想慢下来，只需要让走完固定路程耗费的时间拉长，速度自然就慢了下来。但是，时间能够被“拉长”吗？这个问题太玄乎，爱因斯坦想了十年时间。对，时间和空间都不是绝对的，而是像橡皮筋一样，可以压缩或拉长——这就是爱因斯坦的相对论。

计算的问题留给那些有能力的人去做吧。根据他们的运算结果，以每秒 27 万公里速度前进的话，不但时间变慢了，连空间也发生了变形，原来 100 厘米长的尺子，变得只有 45 厘米，人们称之为“钟慢尺缩”效应。

我们会想，如果达到光速会怎样？这就意味着运动者的时间要无限延长，几乎达到静止状态，也就是没有了时间的流逝。“时间停止”会导致什么结果？我们能否时空穿越，回到过去或未来？如果我回到过去，能否见到过去的自己？如果我亲手杀死了过去的自己，那么，现在的我是否还会存在？

回到过去并见到自己的这种想法，完全是将时间想象成了大房子一样的空间。从过去到现在，就如同从房间的左边排列到右边，每个时间点上都有一个自己。只有在这样的时空观之下，才会出现回到过去并见到过去的自己的想法。

有人可能会反问，之前讲到的“飞矢不动”的命题、“物不迁论”的论证，还有“念念不住”的观点，不都是通过将一个时间点绑定在一个空间点上，从而否定运动的存在吗？说实话，那只是我们展开论证的一个讨论环节，我并不相信这是芝诺、僧肇和慧能关于运动的全部思考。人们也想当然地认为，即便宇宙中一无所有，时间依然存在；就如同地球上没有人类的时候，时间仍然在流逝。然而，物质不能同时空割裂，它们是“三位一体”的关系，去除三者中任何一项，另外的两项就不存在。或者说，物质、空间和时间，三者本就是“一”。

至少，大乘佛教的龙树菩萨在论及“八不中道”的时候，是没有割裂物质和时空的。

## 42. 八不中道

先说个龙树菩萨的八卦来提提神：龙树菩萨早年与两个朋友学会“隐身术”之后，就到王宫中寻欢作乐，致使很多宫女怀孕。有人出点子，在宫中地面上撒下细土，只要看到出现脚印，立即挥刀放箭，结果龙树的两个朋友当场毙命，而龙树却紧贴国王背后屏息站立，逃过一劫。[1]可见道德自律是靠不住的，如果能够为所欲为且逃避惩罚，没有人能够禁得住作恶的诱惑。有鉴于此，如果权力不受到监督和节制的话，理论上的以德治国就很容易堕落为实践中的腐败治国。

回到正题，《中论》开篇第一个颂文就提出了著名的“八不中道”，其文曰：“不生亦不灭，不常亦不断，不一亦不异，不来亦不去。能说是因缘，善灭诸戏论，我稽首礼佛，诸说中第一。”我认为，青目在注释“八不中道”时，还是有失偏颇的，因为他拿“谷子”打比方，有意将作为全体的“谷子”类和个

[1]谈锡永主编、李润生导读：《中论》，北京：中国书店，2009年，第5页。

别的、具体的“谷子”混淆在一起。当外道说有生灭、常断、来去、同异的变化时，青目就论证说，作为类的“谷子”是没有这些分别的。反过来，当外道认为没有生灭、常断、来去、同异的变化时，青目就举出实例，说具体的“谷子”是具有此类变化的。我并不否定龙树的“八不中道”，但青目的辩护和注释，不是十分妥帖。

我们以《中论》中的“观去来品”为例，来说明龙树菩萨反对割裂物质、时间和空间。为了方便解说，我们需要明白下列名相：“去者”，即“运动物体”（mover）；“去”，即“运动”（moving）；去法，即“运动现象”（motion）。

首先，运动物体与运动无法分割。龙树说：“若离于去者，去法不可得，以无去法故，何得有去者。”这是鸠摩罗什的译文，据说他死后被焚烧，舌头不烂。现将他的译文转为白话：离开了运动物体（mover），就没有了运动现象（motion）；没有运动现象，往哪去找运动物体啊。龙树又说：“若谓去者去，是人则有咎，离去有去者，说去者有去。”转为白话：如果说运动物体在运动，那这人就犯了错误，（这等于说）剥离开运动还有一个运动物体，（或者说）运动物体（mover）额外拥有一个运动（moving）。

其次，运动无法与时间分割。龙树说：“已去无有去，未去亦无去，离已去未去，去时亦无去。”转为白话：已经完成的运动，不再是运动；尚未开始的运动，也不是运动。离开过去（的运动）和未来（的运动），现在（的运动）也无法成立。龙树又说：“若言去时去，是人则有咎，离去有去时，去时独去故。”转为白话：如果有人说运动的时刻在运动，那这人就犯了错误，

(因为这等于是在说)剥离开运动还有一个额外的运动时刻,(俨然)运动时刻(即“去时”)可以(在没有“运动”的状态下)独自运动。

我们在思考运动的时候,不能将空间和时间想象成一个大空壳子,比如一条隧道,似乎没有运动物体,这时间和空间依然永恒存在。如果打个形象的类比,应该把时间和空间的“大空壳子”想象成蜗牛的外壳,运动物体的运动是无法同这个“大空壳子”分离的,运动永远携带着时间和空间在自身之中。

呼应本章的开头部分,面对时间,我们倾向于采取“常见”,认为时间是连续的;而面对空间,我们倾向于采取“断见”,认为空间是可以分割的。龙树菩萨“不常亦不断”的中道观要求我们辩证地看待运动问题。

4

第四章

# 思维的技巧

*Qitang Jijian Zhexueke*

# 43. 什么是辩证法

怎样才算是“辩证地”看待问题？有人告诉我说，以全面的（而不是片面的）、发展的（而不是静止的）、联系的（而不是孤立的）观点看问题，就是辩证法，相反就是形而上学。然而，人若要发表见解，就只能选取固定的对象（孤立的）来谈，只能从某个角度（片面的）来谈，也只能就某个时刻（静止的）来谈。除非你闭口不言，否则，你的任何言论都是形而上学的见解。我反复琢磨和体会，发现所谓“辩证”就是“正确”的意思；而所谓“形而上学”就是“错误”的意思。要人“辩证地”看待问题，就是要人“正确地”看待问题，这跟政治指示十分类似。而批评人“不够辩证”，就等于宣判他是“错误的”，这跟政治处分十分类似。这样理解的“辩证法”就像有权人手中的一根万能的大棒，无论别人提出什么样的命题或观点，只要你不喜欢，就可以一闷棍把他打倒，说他“没有辩证地看待问题！”我问你现在是几点钟，你回答说：“20:06。”但这是错误的，因为你说出口时，已经不再是“20:06”。我问你河南是怎样的省份，你回答说：“河南是中国第一人口大省。”但这也是错误的，因为你片面地看到人口问题，而忽略了地理环境和文化传统等其他因素……

找到了起源，就把握住了本质，对于“辩证法”的问题也是如此。辩证法的英文 dialectic 由前缀 di 和词根 lect 两部分构成，di 表示两个，而 lect 则是话语的意思。因此，dialectic 与 dialogue 意义大致相同，“辩证法”就是“对话方法”。苏格拉底的精神助产术，被提升为辩证法，在实践中就是几个人对话、聊天而已。苏格拉底有一个学生叫安提斯泰尼（Antisthenes，公元前 445—公元前 365），后来成为犬儒学派（Cynicism）的创始人。当有人问他学习哲学给自己带来什么好处的时候，他回答说：“与自己谈话交流的能力。”[1]

柏拉图认为，辩证法包含逻辑学在自身之内，但在亚里士多德那里，辩证法被置于逻辑学和修辞学之间，并不是追求真理的严格方法。到了近代，康德与亚里士多德类似，他认为辩证法所产生的“二律背反”是知性的僭越和误用的结果。黑格尔与柏拉图类似，他把整个世界的历史都看作“绝对理念”辩证发展过程的体现。

不管后世对“辩证法”如何加工，只要我们把握了“对话”这个根本，就能够应对万变。我不愿意谈辩证法的范畴和哲学史上不同哲学家的观点，只想通过分析一些具体的问题，让大家在“实战”中掌握一些思维的技巧。第一，颠倒一切、逆反思维；第二，推向极端、执两用中；第三，厘清概念、谋而后动；第四，一分为二、层层推进。最后，还要谈谈中国人“取象比类”的独特思维方式。

---

[1]（古希腊）第欧根尼·拉尔修：《名哲言行录》，马永翔、赵玉兰、祝和军、张志华译，长春：吉林人民出版社，2011 年，第 285 页。

# 44. 颠倒一切

除了陈述事实之外，几乎所有命题都可以有反命题出现，并且同样有道理。比如，你举出一个事实："我早饭吃了两个包子。"我是没办法提出一个反命题的。但是，如果你提出"人不吃饭就会死"，我就可以说"人吃饭照样会死"。如果你说："母爱超越功利，所以很崇高。"我就可以说："母爱几近本能，无所谓崇高。"你说我"玩物丧志"，我笑你"玩志丧物"。你说"没有希望，未来就一片灰暗"，我就可以说"有了希望，当下就成了炼狱"。你说"榜样的力量是无穷的"，我就可以说"榜样害人的力量是无穷的"。你说"知识就是力量"，我就可以说"知识就是禁锢人心的力量"。你说"杀身成仁，舍生取义"，我就可以说"既明且哲，以保其身"。

马克思在《评普鲁士最近的书报检查令》一文中引用伏尔泰的话说："除了无聊，什么样的风格都是好风格。"的确，哪怕是中国的俗话中，也有很多有趣的表述，比如：近朱者赤，近墨者黑 VS 涅而不缁，磨而不磷；宁为玉碎，不为瓦全 VS 留得青山在，不怕没柴烧；瘦死的骆驼比马大 VS 脱毛的凤凰不如鸡；人定胜天 VS 天意难违……

我们继续逆反思维、颠倒一切，就拿说谎做个例子吧。

# 45. 谎言可恨吗

强盗、小偷、骗子三者，相比而言，人们最认可强盗，其所作所为虽然不正大，但光明；虽然不理直，但气壮。说好的要你 50 元，你给个 100 的大钞，还可能会还你 50 元。以至于庄子在《胠箧》一文中认为“盗亦有道”，“夫妄意室中之藏，圣也；入先，勇也；出后，义也；知可否，知也；分均，仁也。五者不备而能成大盗者，天下未之有也。”不独庄子这样看，闻一多也在《关于儒·道·土匪》一文说：“讲起穷凶极恶的程度来，土匪不如偷儿，偷儿不如骗子，那便是说墨不如儒，儒不如道……在中国人看来，三者之中，其实土匪最老实，所以也最好防备。从历史上看来，土匪的前身墨家，动机也最光明。”[1]

最可恨的是骗子，不仅窃取人的钱财，还羞辱人的智商；小偷比较中庸，但很猥琐。骗子是说谎的人，恨屋及乌，我们禁不住也痛恨谎言。现在的问题是，谎言真的可恨吗？对身患绝症的人撒谎，或者对敌人撒谎，也一样可恨吗？我们之所以认为自己痛恨谎言，还有一层道德面纱在起作用。因为真、善、美通常被视为是三位一体的结构，说自己不恨谎言，就等于说自己不爱美、不爱真理，这自然会置自己于极其不利的地位。

---

[1] 唐达辉整理:《闻一多全集·文艺评论·散文杂文卷》，武汉：湖北人民出版社，1993 年，第 381 页。

因此，在真理面前，没有人不去捋他的胡子；就如同在谎言面前，大家都会啐上一口唾沫。事实上，人们未必热爱真理本身，更多的时候，是爱真理带来的舒心惬意的后果；同理，人们未必痛恨谎言，而是痛恨谎言带来的生活中的不便。

王尔德写过一篇名为《撒谎的堕落》(The Decay of Lying)的文论，认为文学就是撒谎的艺术，而不是白描现实生活。多少电影都是虚构的情节，但人们还是要花钱去消费“谎言”。儿童缠着成年人讲故事时，他们总是要求听“瞎话儿”。足见“谎言”本身是中性的，并不具有善恶的道德色彩。尼采在《真理与谎言之非道德论》中提出了类似的观点，他说：“……必要的谎言和自主的谎言……撒谎快乐是一种艺术快乐……艺术快乐是一种更伟大的快乐，因为它几乎总是在谎言的形式下讲述真理。”[1]在尼采看来，谎言就像是生命的大气层。设若地球失去了大气层的保护，就会因为流星的直接撞击而毁灭；生命如果没有谎言的保护，就成了一簇极度过敏的神经，将因不堪忍受刺激而死亡。因此，尼采明确表示：“坏真理的标志：只要真理不要人类。坏谎言的标志：只要谎言不要人类。”[2]

此外，如来佛也说：“空拳诳小儿，以此度众生。”[3]然而，柏拉图却没有这么直白，而是竭尽全力去洗白撒谎行为。首先，他区分了“灵魂的虚假”与“言辞的虚假”。灵魂的虚假令神人

[1]（德）尼采：《哲学与真理——尼采 1872—1876 年笔记选》，田立年译，上海：上海社会科学出版社，1993 年，第 117 页。

[2]同上，第 121—122 页。

[3]刘梦溪主编、孙尚扬编校：《中国现代学术经典·汤用彤卷》，石家庄：河北教育出版社，1996 年，第 499 页。

共愤，那是一种被蒙蔽的无知状态。但在这种状态下表达观点时，言语就是对灵魂的直接模仿，是灵魂的影像，虽然传达的内容有误，却并非是“纯正的虚假”。比如“儿时不识月，呼作白玉盘”，就属于这类情形。

接着，柏拉图又谈到了善意的谎言。对发了疯的朋友撒谎，以防止他犯错，此时谎言就成了“一种药物”。但这其实是用恶的手段来达成善，就如同赫拉克利特所说：“善与恶是同一的。用切割、烧灼、穿刺和撕扯等方式折磨病人的医生还要索取酬金，其实，他们无理由得到这种报酬。”[1]柏拉图随后的讨论就触及到了“神正论”的问题，他认为神不会使用恶的手段来达成善，所以，神既没有“灵魂的虚假”，也没有“言辞的虚假”。神话就是神说的话，古希腊的神话诗人是神与人之间的中介，类似于道教的“灵媒”和犹太教的“先知”。既然诗人是神的代言人，那么，神话的内容就不应该有任何表现诸神之恶的内容，比如宙斯的好色、阿波罗神谕的失信等。鉴于此，柏拉图提出要审查文教宣传系统，凡是不利于青少年健康成长的神话故事，都要禁止传播。哎呀，伟大的柏拉图啊，你剥夺了人们犯错的权利，就等于剥夺了人们自由选择的权利。“楚门的世界”虽然安全，但没有哪个心智正常的人愿意待在那里。

“理想国”以强制手段管制文教宣传，神话的内容要由统治者来选取。柏拉图选择的是腓尼基人的古老传说：人类天生有不同的禀赋，分为金、银、铜、铁质的四种人，分别对应统治者、军人、手工匠和农民。大家各尽其能、各安其职，就实现

[1] 苗力田主编：《古希腊哲学》，北京：中国人民大学出版社，1989 年，第 42 页。

了柏拉图心中的“理想国”。虽然柏拉图明确表示，这样的“荒唐故事”不仅仅是统治者讲给被统治者听的，他同时希望统治者自己也相信。然而，对文教宣传的内容加以选择性的限定，虽然内容本身未必就是虚假的，但片面的宣传就是在制造谎言，因为它会误导人的心灵。比如，别人问你每月收入多少？你回答说每月的工资是4000元，而没有提那5000元奖金的事。“每月工资4000元”自然是事实，但你提供了不全面的信息，让别人误以为你每月的收入只有4000元。你没有直接说谎，但事实上，你却制造了欺骗。

我知道，柏拉图会用“神”来打压我：“理想国”中的神话（即神的话）是没有欺诈的，因为“神和神性都与虚假无缘”。[1]我会反问：神不会撒谎，不行欺诈，是人想象出来的“应该如此”，还是人观察体验到的“事实如此”？如果某些人把自己的“良好愿望”强加给神，并把自己的这种愿望变成所谓的“神性”，然后再借着神的“真实无妄”的名义来控制和打压别人，那么，情况就发生了逆转：表面上，诗人是神的传话工具；事实上，神是诗人的工具；表面上，诗人是人与神的中介；事实上，神是诗人与人的中介——某些人通过“神”来控制人民大众。这种逆转的吊诡之处在于：在真诚无妄的名义下大行欺骗之实。柏拉图把眼睛一瞪说：你懂个啥，这叫“高贵的假话！”[2]好吧，讨论到此为止，继续深入就会涉及“言论自由”问题，

[1]（古希腊）柏拉图：《柏拉图全集》第二卷，王晓朝译，北京：人民出版社，2003年，第346页。

[2]（古希腊）柏拉图：《理想国》，郭斌和、张柱明译，北京：商务印书馆，1986年，第127页。

这要放在第 7 章第 91 节来谈。

## 46. 推向极端

拔一根白头发放到白纸上，你能看清楚吗？把它放到黑板上，你就能一眼分辨出来。如果眼神不好，就需要以极端的环境来衬托。同理，如果意识比较模糊，就需要极端的思维来唤醒自己。孔子就声称自己擅长“执两用中”，先把问题推向极端，而后再采取中庸的态度。他说：“吾有知乎哉？无知也。有鄙夫问于我，空空如也，我叩其两端而竭焉。”(《论语 · 子罕》)

比如：长生不老好不好？

先来设想一下自己 30 分钟后就死，你会如何做？洗个澡，给亲人打个电话聊聊天，然后……就去死。这 30 分钟的生命，与平时的生活没有什么区别。继续设想，如果剩余的生命是 30 个月、30 年，乃至 300 年，你会怎样？我想，大多数人仍然会像现在一样平凡地活着。人一出生，就等于得了无药可医的绝症，早晚都要面对回归自然、天人合一的那一刻。既然无可奈何，索性泰然任之，正所谓“知其不可奈何而安之若命，德之至也。”(《庄子 · 人间世》)

那么，长生不老会如何呢？即便永生同时伴有青春和健康，永生就一定是件值得向往的事情吗？“当英国哲学家伯纳德 · 威廉姆斯思考这个问题时，他认为答案是否定的。没有任何生活会永远有趣且吸引人。威廉姆斯认为，每种生命最终都会变得乏味和糟糕，而且极其痛苦；每种生活最终都是你想要摆脱的生活。简而言之，永生远非一件美好的事，而是一件可怕的事。”[1]长生不老使得“生命有限”前提下的很多活动变得毫无意义。比如，花 2 年时间学好英语，还是花 2 亿年时间，对于永恒的生命来说，并没有本质的区别。可见，死亡为生命设置了一个不可逾越的界限，从而使得生命的过程具有了紧迫感，每个阶段都有每个阶段的独特意义，每一分、每一秒也因此而变得弥足珍贵。如果长生不老，生命的意义反而被无限稀释，变得索然无味了。因为死亡为生命设置了一个不可逾越的界限，死后的世界就成了永远无法企及的超验领域，宗教和终极关怀才有了得以产生的前提条件。

再看一个例子：金钱之于幸福生活的重要性如何？

假设我身无分文，物质生活肯定会受到影响，但我可以讨饭，也不会因贫穷而死去。每次读到陶渊明的《乞食》[2]，都不禁感慨系之，我不觉得陶渊明贫穷。从另外一个极端来考虑，假设我富如邓通，自家可以开印钞工厂，那又如何？这并不意味着我可以为所欲为，结果还是得过平凡的生活。所以财富对于幸福生活而言，未必是正比的关系，而是呈现出“倒 U 型”的走势。如果拥有太多超出生活所需的钱财，就得花心思去打理财富，这就不是财富服务于人，而是人服务于财富了。超验

[1]（美）谢利·卡根：《死亡》，贝小戎、蔡健仪、庞洋译，北京：北京联合出版社，2014 年，第 231 页。

[2]《乞食》：饥来驱我去，不知竟何之？行行至斯里，叩门拙言辞。主人解余意，遗赠岂虚来。谈谐终日夕，觞至辄倾杯。情欣新知欢，言咏遂赋诗。感子漂母惠，愧我非韩才。衔戢知何谢，冥报以相贻。

主义的代表人物梭罗在《瓦尔登湖》一书的“结论”部分这样说道：

> 如果我像一只蜘蛛一般，终日被困于楼阁的角落，但只要我拥有思想的环抱，这天地就一样的广阔……即便我像克罗伊斯[1]那样富有，也要坚守初心、矢志不渝，生活方式保持前后一致。此外，假如你为穷困所迫，生活局促，甚至于买不起报纸和书，但你只不过是被限定在最富有活力和意义的生活体验之中而已；你被迫去接手的资料要产出最多的食物和蜜。最甜美的生活就是贴近骨头[2]的生活。在贫穷的保护下，你远离了轻浮和浅薄。没有人会因为精神的厚重而致使物质生活蒙受损失。多余的财富只能购买奢侈品而已，而面对心灵所必需的一切，金钱却无能为力。

接下来我们再看一个“推向极端、执两用中”的例子，比如，人们会问：“算命准吗？”

---

[1] 克罗伊斯（Croesus? ~公元前546?），吕底亚最后一代国王，以财富甚多闻名。

[2] 梭罗化用了英语中的一句俗语：The nearer the bone, the sweeter the meat. 有人译为“贴骨肉最香”，本义是指“越苗条越漂亮”。在这里，“贴近骨头”的生活，当然是指贫穷、艰辛的生活。

# 47. 算命准吗

一提算命，很多人首先想到的是，你能不能算准。如果算命完全算不准，一百次一百次错误，一万次一万次错误，算命这行当肯定早就消失得无影无踪了。原因太简单，无须解释。

反过来，如果算命的结果是铁定的宿命，无论尽何等人事，最终都无法改变，那么，预知的好运将成为打折的幸福，预知的厄运则是加倍的折磨。计算机程序一样不可改变的人生，是僵死的、没有意义的人生，这样的宿命论是将生命贬低到无机物的地步。如果算命铁定能算准，没有人愿意算命，算命先生将会失业，算命这行当将会并入其他学科之中，与数学和几何学并列。所以，与通常的看法完全相反，算命得以存在的前提恰好不是“宿命论”。

我曾经构想过这样一个实验来羞辱算命先生：一手抓只鸡，一手抓把刀，让算命先生算算，这只鸡能不能活过下一分钟。他说能，我就剁了鸡头；他说不能，我就把鸡放飞。这个实验可以证明两点，第一，命运掌握在自己手中，我可以改变命运；第二，算命随时可能出错，根本就不准。因为这个思想实验，我当时对算命完全是嗤之以鼻。

其实，算命先生可以接受上述挑战，前提是不把算出来的结果直接告诉对方，而是秘密记在纸条上封存起来，等一分钟过后再拆纸条验证。这样一来，挑战者的底气顿时被泄掉一半……原来100%赢的概率顷刻之间降低到50%。但挑战者可以因此指责算命是瞎蒙，十次中哪怕蒙准一次，就会被传得神乎其神。我的确亲耳听过这种指责，但这种人大都对算命一窍不通，更没有做过调查统计，他自己才真正是在凭空瞎猜。

我不知道西医的治愈率和有效率是多少，但可以肯定不是100%；一流的中医治愈率在60%以上，有效率在80%以上。另外，我们知道，24小时之内的天气预报准确率在70%左右。如果只有准确率达到100%才叫科学，那么，天气预报、医疗等众多学科，都可能要被划入“迷信”的范畴了。

算命具有概率上的准确性，它之所以能风行于所有文化之中，秘诀就在于既准又不准；而算不准仅仅是表象，这一表象在诉说着生命的可贵，向人类指示出生命拥有自由意志，并且能够超越自然界一切的必然规律。最后，算命到底是什么？答：算命既不是科学，也不是迷信，它是人类文明结出的一朵奇葩！

## 48. 厘清概念

理越辩越明吗？两个聋而不哑的人相互争论，能够达成一致看法吗？他们互相听不懂对方的意思，却各自振振有词，一人说自己姓张，一人则说自己姓李。一人是塑胶，一人则是铜丝，虽然紧挨着，却互相绝缘，根本无法传递思想的电光石火。如果一个辩论者的目的是与人真诚地探讨真理，而不是颐指气使地对别人传授真理，那他就必须医治好自己聋聩的耳朵。不然，辩论只能使问题变得更加芜杂，却不是更加清晰。

讨论问题时，双方对于彼此使用的概念必须要拥有共同的理解平台，否则就失去了讨论的意义。在现实生活中，很多人提问问题的时候，其实并不清楚自己在说什么。如果提问的人，能够静下心来，把自己使用的概念进行一番慎思明辨的厘清工作，那么，问题的答案常常会自动呈现出来。

有学生曾经问我：异性之间存在纯洁的友谊吗？

从表面看，她似乎要我做出非此即彼的选择性回答——“有”或者“没有”。如果这是她唯一的困惑，那就意味着她对于“纯洁”和“友谊”这一组概念已经没有了困惑。既然如此，我就反问她：“你说的纯洁是什么意思？你能给我谈谈吗？”

如果“纯洁”的意思是指同性之间的友谊与异性之间的友谊没有一丝一毫的差别，那么，我只能回答：“没有。”当然，你可以固执地认为“就是有！”若是那样，我也只好固执地认为你是自欺欺人。如果“纯洁”是指虽然交往密切，但绝没有越过伦理道德的界限和社会的禁忌，那么，毫无疑问，异性之间是可以有“纯洁”的友谊的。

再举一个例子：人死之后还是否有知觉？

同样，从表面看，我只有回答“有”或者“没有”。问题是，问此类问题的人是否明白自己到底在说什么？我禁不住会反问对方：“第一，如果人死之后，还有知觉，那还叫‘死’吗？第二，如果人死之后，全无知觉，那还叫‘人’吗？”习惯了仰仗交通工具，徒步跋涉的能力就减弱了。所以，这个问题我不做解答，请大家自己思考。下面我们使用概念分析的方法，试着解答一个千古难题：人性善恶的问题。

## 49. 人性与善恶无关

关于人性问题，中国哲学史上有很多论述，比如荀子的性恶说、孟子的性善说、王安石的性无善恶说、扬雄的善恶混杂说、王充的性三品说、李翱的性正情邪说，还有王阳明的性无定体说。当然，这个列举并不全面，我也不想长久地将自己的脑袋埋藏在他们思想的冰水里，那样会因缺氧而窒息。有人可能会质疑，你这样做不也成了聋子吗？可是，利刃斩断乱麻，只需一斫；闪电探明深渊，只需一瞬。

界定人性有两种方法，一是整体说，一是要素说。整体说会将人的自然属性和社会属性、先天属性和习得属性、固有属性和派生属性等等全部涵盖在内。而要素说则相反，它将人与天地万物的相迥异的独特之处视为本性所在。整体说用的是归纳概括的方法，而要素说用的则是排除法，到底哪一种方法更接近真相呢？我认为是要素说，因为整体说涉嫌混淆本质（nature）与属性（quality），尽管nature与quality都被翻译为“性”，但一物的nature是独特的，不可与其他事物混淆，比如牛性不是马性，否则牛就是马。比如“牛马四足”就不是牛和马的本质区别所在，“牛马都长四条腿”是两者共有的quality，而不能算作nature。

庄子说“牛马四足是谓天”，这里的“天”绝不应该翻译为

sky 或 heaven，而只能译为 nature，即“自然”“天性”。谈论人性，就是在谈论人的天性，人的自然。庄子说得很清楚，“牛马四足是谓天，穿牛鼻、络马首，是谓人。”（《庄子·秋水》）而自然是与人为相对立的。自然界中不存在妍媸美丑、是非善恶，这些都是人为的产物，是人类社会中的价值判断和道德判断的结果。所以，《庄子》书中讲“天在内，人在外”(《秋水》)，以至于荀子批评庄子“蔽于天而不知人”(《荀子·解蔽》)。

“人长了一个鼻子两个眼睛，这是善是恶?”你一眼就能看出这是个伪问题，鼻子眼睛与善恶无关。我再问：“人会吃饭、会繁殖，这是善是恶?”你同样一眼就能看出，这是个伪问题，“吃饭无所谓善恶，但慷慨施食于他人则是善；繁殖无所谓善恶，但奸淫妇女却是大恶。”看啊，食色之欲是人的天性，天性无所谓善恶。善恶是在人运用天性，并与他人发生关系时产生的。也就是说，天性、本性是事物固有（inherent）的性质，这些性质内在于事物自身之中，即便这个宇宙中没有食品，人类饮食的本性并不会发生改变。但“善恶”恰好相反，善恶是当人与人之间发生利害关系时，对这种行为做出的一种评价。因此“善恶”完全没有独立存在的可能，就如同声音不可能独立存在，只有鼓和桴碰撞之时，声音才会出现。

简言之，本性内在于事物自身之中，而善恶则立足于事物彼此之间的关系之上。人性与善恶是完全处于不同领域和不同范畴的概念，两者之间根本无法通约，无法相互还原。你讨论“人性是善是恶”的问题，就如同讨论“蓝色是轻是重”“幸福是方是圆”“锐角是甜是咸”一样。虽然你可以讲一大套理论，但那是在作诗，是在说鬼话，或者是别有用心，却唯独与哲学和真理毫不相干。

那些争辩人性善恶的人，他们都是通过列举实例来论证人性的善或恶。双方都能够找来事实支撑自己的理论，却永远无法驳倒对方。哪怕“蓝色是轻是重”这样的问题，辩论双方也可以列举出无穷多的事实，以便支持自己或反驳对方，并且满怀激情地争论到世界末日。但是很可惜，双方都是在“摆事实”，却根本没有“讲道理”，因此，毫无理论意义。

包子蒸好了，有菜包，有豆沙包。我跑到厨房后，不确定圆形的是豆沙包还是菜包，于是问了一声：“圆形是甜的还是咸的？”这句话就如同一个魔咒，顷刻之间招来了无数哲学家的幽灵，在厨房中翩跹起舞，有人高喊“圆形是咸的”“人性是善的”，有人惊呼“圆形是甜的”“人性是恶的”。

忍无可忍之际，我吼了一声：“都别吵了，我说的是包子！”于是世界清静了……

## 50. 一分为二

其实，推向极端、执两用中，已经包含有“一分为二”的意思，这样一种使用辩证思维方法的事例极多。从理论上讲，第三章与“运动”相关的内容全都是围绕“一分为二”展开的，我这里直接举例说明。先看《说苑·辨物》中的一个故事：

子贡问孔子：“死人有知无知也？”孔子曰：“吾欲言

死者有知也，恐孝子顺孙妨生以送死也；欲言无知，恐不孝子孙弃不葬也。赐欲知死人有知将无知也，死徐[1]自知之，犹未晚也。”

在第 48 节中，我们谈及这个问题，而且采用了苏格拉底式的方法进行反问。而孔子的回答，很明显没有从概念分析入手，而是将思考的重心放到了现实的伦理生活之中。他回答说：“若说人死后有知，我害怕孝子贤孙不去办葬礼了，因为那等于活埋长辈。若说人死后无知，我又害怕不孝子孙不办葬礼了，因为死尸与砖头瓦砾无异。如果你子贡非要探知个究竟，等你自己死了，自然就知道了，那时候也不算晚啊。”且不说孔子的回答是否令你满意，他至少通过一分为二的方法，给你提供了一个看待这个问题的全新视角。

再看一个例子：别人说我坏话怎么办？

第一，从功利角度讲，要看是否损害了你的利益。如果没有，似乎不必太介怀；如果损害了，就继续一分为二，要看损害的利益是大是小，即是否有必要捍卫。如果有必要捍卫，那就继续一分为二，要看自己是否有能力捍卫。无能力捍卫的话，自然就听天由命，任由它发展吧。有能力的话，当然要积极争取属于自己的一切。虽然不是刺头，也要装个刺头样，这样的事做一次，别人就知道你不好惹了。有时候，高贵也要装鄙俗；明白也要装糊涂；何妨善良也要装凶狠。谁让人们给予一条疯

[1]“死徐”，读起来莫名其妙，我怀疑“徐”字是“後”字的讹误，即简体“后”。——作者注

狗的尊重总是超过对于贤德的尊重呢?

第二，从道德层面讲，要考虑别人说的是对是错。如果别人说的话是对的，那么，我们就应该感谢对方，因为，很多乡愿之徒，很多好好先生，不愿意指出你的过错。不管对方是何居心，只要他们的指责是对的，我们就该表示感谢。“闻过则喜”是一种品德，哪能因为自己脸上有灰，却要发怒去摔镜子的道理。何况，发表见解是别人的权利，因为他们对我们的评价不够友善就要像蜜蜂一样去蜇死他们，我们岂不就成了残忍的暴君?如果你反躬自省，发现他们构织的责难是冤枉了你，那么，你就更无须气愤，因为他们所说的一切都不是真实的你。他们讽刺、嘲笑、谩骂、中伤的那个人，其实是他们自己心中构想的人，与真实的你毫不相关。他们是在自说自话、自导自演，就像一群鬼魂附体的小丑在上演荒诞剧一样，你又何必操心呢?恶人害贤，犹如逆风扬尘、仰天而唾，最终会毁了他们自己。

## 51. 僵尸思维

王充的《论衡》被称为是中国哲学史上不朽的无神论著作，我们看看他是如何讨论“人死有知否”这一问题的。我们从其《论死》篇中找到以下5条论证:

①夫死人不能为鬼，则亦无所知矣。何以验之?以未

生之时无所知也。

②人之死也，其犹梦也。梦者，殄之次也；殄者，死之比也。

③人为人所殴伤，诣吏告苦以语人，有知之故也。或为人所杀，则不知何人杀也，或家不知其尸所在。使死人有知，必恚人之杀己也，当能言於吏旁，告以贼主名；若能归语其家，告以尸之所在。今则不能，无知之效也。

④人之死，犹火之灭也。火灭而耀不照，人死而知不惠，二者宜同一实。论者犹谓死有知，惑也。人病且死，与火之且灭何以异？火灭光消而烛在，人死精亡而形存，谓人死有知，是谓火灭复有光也。

⑤妒夫娼妻，同室而处，淫乱失行，忿怒斗讼，夫死，妻更嫁，妻死，夫更娶。以有知验之，宜大忿怒。今夫妻死者，寂寞无声，更嫁娶者，平忽无祸，无知之验也。

他的第①条论证是将“死后”的情形与“生前”的情形进行类比，既然未生之人无知觉，那么，死后的人也无知觉。但这个论证完全不成立，且不说“死后”是否与“生前”完全一样。首先我要反问：王充怎么就知道未生之人无知觉？如贝克莱所说，“感官的证据如何能够拿来检验任何不被感官感知的事物的存在。”[1]关键在于，王充用感官为标准去检验感官无法感知的事物，即用经验标准去判断超验事物的——“不存在”。第②条论证就更荒唐，他将死亡与晕厥、做梦进行类比，因为晕

[1]（英）乔治·贝克莱：《人类知识原理》，关文运译，北京：商务印书馆，2010年，第41页。

倒时无清晰知觉，所以得出死后无知觉的结论。“人之死也，其犹梦也”。问题出在“犹”字上，像什么就是什么吗？“≈”就是“＝”吗？狗像狼、马像驴、蜜蜂像苍蝇、蘑菇像灵芝，就如同100≈99，99≈98，依次类推，最后100≈1吗？一个“犹”字，居然能够将天地万物都囊括进去？第④条重复了第②条论证的逻辑，只不过换了一个类比，将人死比作灯灭。而第③和第⑤条论证，更是荒唐到让人捧腹大笑，我拒绝继续分析。

不知道大家是否从王充的思维方式中看出了门道，那就是在一件事和另一件毫不相干的事情之间跳来跳去，进行类比：生前≈死后；死亡≈灯灭；死亡≈殄、梦。跳跃的时候，人的双脚是不沾地的，只有电影上的僵尸会这样走路。而正常的人走路，每一步都要脚踏实地，必须有地面支撑。地面的英文是ground，同时也是“根据”“论据”的意思。一个人在推理论证中总是出现缺乏根据的跳跃，就是十足的“僵尸思维”。王充的辩才完全建立在“类比”之上，但类比可以用来作诗、解梦、占卜，却完全没有资格成为一种哲学研究的方法，更没有资格成为科学研究的方法。

## 52. 取象比类

中国人的思维方式建立在“类比”之上，这在很大程度上是由象形文字决定的。每一个汉字对应的不是一个概念，而是一个“图像”，连缀在一起的一句话，就像一组图片，你要从中看出、猜出、悟出其中的关联。因此，对于中国人来说，规定讲道理时不准使用类比，那就等于用胶带封了他的嘴。《说苑·善说》中有这样一个可笑的成语故事，叫作“惠子善譬”：

客谓梁王曰：“惠子之言事也善譬，王使无譬，则不能言矣。”王曰：“诺！”明日见，谓惠子曰：“愿先生言事则直言耳，无譬也。”惠子曰：“今有人于此而不知弹者，曰：‘弹之状何若？’应曰：‘弹之状如弹。’则谕乎？”王曰：“未谕也。”“于是，更应曰：‘弹之状如弓，而以竹为弦。’则知乎？”王曰：“可知矣。”惠子曰：“夫说者固以其所知谕其所不知，而使人知之。今王曰‘无譬’则不可矣。”王曰：“善！”

可见先秦时期的人们已经意识到中国人取象比类的思维方式，即便是对于惠施这样一流的名辩家，一旦禁止使用“譬喻”，“则不能言矣”。这个故事的可乐之处在于，惠施又用了一个“譬喻”，来打破不能使用“譬喻”的禁令。

语言学中有著名的“萨皮尔—沃尔夫假说”（Sapir-Whorf hypothesis），它认为不同的人类语言习惯会决定不同文化中的思维方式，也就是说，语言决定了人们对于世界的认识，是形成人的世界意象的决定性因素，这种观点又被称为“语言决定论”（linguistic determinism）。西方哲学和文化的思维方式表现在其概念的清晰性和逻辑推理的严密性之上，所以有着发达的认识论；而中国哲学和文化的思维方式，则以个人的直觉体悟和内在超越为主，[1]在思维的展开过程中，借重于形象化的取象比类。[2]对于中西方哲学和文化而言，语言差异所导致的思维习惯的不同，尤其表现在“系动词”的问题上。

周春生先生指出：“先秦诸子文献中判断系动词呈弱化状态。‘弱化’意指：第一，判断句可不用或一般不用判断系动词，而代之以‘……者……也’等句式。第二，‘是’‘为’等可充作判断系动词的字，其最初和基本的语义、功能都与判断系动词没有直接关系……判断系动词的弱化状态决定了‘取譬’思维定式的存在。在‘取譬’思维定式下，任何事物都被具体化，任何抽象的概念都有现实具体的东西与之对应，对任何概念的说明都首先使用类比法。反过来说，在儒、道、墨、名诸家的认识论体系中，没有产生出其自身就是独一无二之存在的思维存在世界。”[3]简言之，汉语中系动词的“弱化”乃至缺失，导致了中国语言的陈述和判断句式通常采用“取譬”的方式，即通过取象比类的类比法展开思维，这就很难形成与具体事物相脱离的纯粹的概念推理型的论证方式。

在中国古代哲学文化中，推理论证过程充斥着类比和比喻，

---

[1] 关于中国哲学重视体验与直觉的论述，参见蒙培元先生的《心灵超越与境界》一书中“体验与直觉”一节。人民出版社 1998 年出版。关于内在性与超越性的论述，参见汤一介先生《汤一介学术文化随笔》一书中“传统哲学编”部分，中国青年出版社 1996 年出版。

[2] 关于中国哲学“取象比类”的特点，参见张岱年、成中英等所著之《中国思维偏向》中“一般特征”与“中西关系”部分，中国社会科学出版社 1991 年出版。

[3] 参见周春生：《“取譬”与“是”——从判断系动词看中西方文化哲学的生成和框架》，载于《哲学研究》，2003 年第 7 期。

概念常常十分模糊。这种例子不胜枚举，比如“譬道之在天下，犹川谷之于江海（《老子》第 32 章）”，“人之生也柔弱，其死也坚强。草木之生也柔脆，其死也枯槁。故坚强者死之徒，柔弱者生之徒（《老子》第 76 章）。”道就像江海，人生应该像柔弱的草木，“江海”“草木”成了我们认识大道和体会人生的图像。

末了，我告诫自己说：千万不要将中国哲学术语做概念式理解，因为象形文字所组成的词语，其意义的边界十分模糊，就像蛞蝓那样的软体动物，是随时可以发生变形的。用西方哲学中那种清晰的概念来规范中国哲学，对中国哲学来讲是有失公允的。近些年来，有学者提出了中国哲学的“工夫论”，这才真正说到了点子上！

## 53. 文字原罪

媒介文化研究大师尼尔·波兹曼（Neil Postman，1931—2003）说：“犹太人的上帝存在于文字中，或者通过文字而存在，这需要人们进行最精妙的抽象思考。运用图像是亵渎神祇的表现……我们的文化正处于从以文字为中心向以形象为中心转换的过程中，思考一下摩西的训诫对我们也许是有益的。”[1]形式会影响内容，上帝之所以严禁给自己铸造偶像，就是因为

[1]（美）尼尔·波兹曼：《娱乐至死》，章艳译，北京：中信出版社，2015 年，第 10 页。

文化的形式会败坏文化的质量，偶像崇拜的形象化的特点，会使得人们逐渐丧失对上帝的抽象本质的认识。一旦发明了钟表，太阳和星斗就不再是人们仰视的对象，人们只是低下头，看自己手表上的指针和刻度。时间不再是日升月落的交替，而是时针的嘀嘀嗒嗒。用狼烟无法传达复杂信息，用舞蹈难以表述哲学体系。媒介不仅仅是交流的工具，而且是反过来塑造人们的思考方式和行为方式的外在力量。任何一种媒介总能越出自己的语境，影响我们对真善美的看法。

有了印刷术，口头文学就式微了；有了电视和网络，以印刷品为媒介的文字阅读就衰落了。印刷品与电视之间有着本质的区别，因为读书要求高度集中注意力，要求人们必须运用自己的记忆力、判断力和理解能力，不然阅读过程就无法进行下去。然而电视却恰好相反，电视是以连续播放图片的方式来进行叙事，人们只需要辨认，而不需要理解。以图片的形式进行叙事，这就决定了电视的本质，它的功能就是娱乐，无论它试图展现任何高雅和深刻的话题，它始终摆脱不掉娱乐的性质。

波兹曼对于“读图时代”传媒方式的批评，恰好命中了象形文字的弱点。然而在中国传统社会，这种强大的娱乐功能何尝不是一种优点呢？首先是“音”可以拿来玩，比如中国的歇后语，还有成语接龙等。其次，“形”可以拿来玩，比如字谜游戏，还有书法艺术。在中国，书法是与绘画相媲美的独特艺术，极端情况下，还有用字作画的旷世名作。每一个汉字都像是一个图像，其含义比较丰富，特别适合用来娱乐，比如作诗：“枯藤老树昏鸦，古道西风瘦马，小桥流水人家”“自在飞花轻似梦，无边丝雨细如愁，宝帘闲挂小银钩”“鸡声茅店月，人迹板桥霜”“雨中黄叶树，灯下白头人”……你如果觉得这些诗句极其美妙，你可能一不小心就连“天地君亲师”也一并接受了。“天、地、君、亲、师”，这五个概念之间没有任何逻辑联系，然而，喝惯了“取象比类”这碗迷魂汤的人会稀里糊涂地接受这套有利于封建社会父权专制的忠孝观念。“我们只是认为，有着这样一种结构的语言会导致‘智力混沌’，就像夏日的暑热会让人在午后昏昏欲睡一样。”[1]

中文表述通常没有时态，作诗时，你可以通过堆砌名词完成；发表演讲，可以通过堆砌动词完成，甚至只要会使用“要字句”[2]就能应付裕如。“常年的实践把大多数中国人都训练成了猜谜专家，对那些常常被省略的主语和谓语稍加补充，他们就能弄清楚字词之外的附加含义了。”[3]卢梭在《论语言的起源》的结尾处说：“任何一种语言，如果不能让集会的民众听清楚，那它就是一种奴隶的语言。对于一个民族而言，使用那种语言就不可能保有自由。”[4]这句话可以作为对中国人的告诫。

象形文字为什么表达不清晰？这里边原因很多，我粗浅地认为，一是因为音，一是因为形。我搬着字典粗略数了一遍索引中的发音，加上一二三四声和轻声，汉语一共有 1235 个音，

[1]（美）明恩溥著，刘文飞、刘晓旸译：《中国人的气质》，南京：译林出版社，2012 年，第 59 页。

[2]邓晓芒：《中西文化比较十一讲》，长沙：湖南教育出版社，2007 年，第 160 页。

[3]（美）明恩溥著，刘文飞、刘晓旸译：《中国人的气质》，南京：译林出版社，2012 年，第 60 页。

[4]（法）卢梭：《“论文”及其他早期政治著作》，北京：中国政法大学出版社，2003 年，第 299 页。

如果除以四，也就是300来个发音。用300个音表达天地间的一切有形无形的事物，自然会有很多误解和歧义。我儿子总是问我这类问题："爸爸，'沙县小吃'的sha就是'大鲨鱼'的sha吗？"我解释起来会非常困难。

其次是形，象形文字导致中国人的思维方式采用所谓"取象比类"的路子。而"取象比类"是极其缺乏逻辑性和清晰性的。举个例子，《周易》中的《说卦》最能说明问题。比如说"坤为地，为母，为布，为釜，为吝啬，为均，为子母牛，为大舆……"从中可以看出，"坤"的取象标志着大地承载、包容、藏纳的功能。如果放到人身上，人的肚腹就是"坤"。肚子怎么又变成牛了呢？因为牛能够负重，具有承载的功能。难道马不能承载吗？马与牛相比，奔走致远的能力更为突出，所以"坤"不能是马。

综上所述，我认为象形文字是一种原罪。这要从犹太教《圣经》中"罪"的原意来分析，希伯来语"חטא"表示"箭没有射中靶子"。"靶子"就是目的，没有射中靶子的箭，就失去了箭的宗旨，这是箭的"罪"。如果语言没有成功表达思想，就相当于箭没有射中靶子，这是语言的"罪"。而象形文字，天生具有一种倾向，就是偏离自己的目标，敌视精确，词不达意，具有"矢不中的"的原罪品质。

拿《论语》首章做个例子，看看汉语导致多重歧义的严重程度。一般情况下，人们把"学而时习之"中的"学"当作动词，但杨朝明先生将"学"视为名词，解为"学问"。"学而时习之不亦说乎"的意思大致如下："如果我的学说被社会普遍接受，在社会实践中加以应用它，那不是很令人感到喜悦吗?”[1]此外，“人不知而不愠”中的“知”，照样可以解为“智”的通假字。那么，“人不知而不愠不亦君子乎”的意思就变成了:“别人（学生）不够聪明，我（老师）也不生气，这不是君子之风吗?”另外，依照赵纪彬先生在《论语新探》一书中的考证，《论语》中的“人”是与“民”相对立的。“民”字的甲骨文意指被刺瞎眼睛的奴隶，而“人”则相当于有身份地位的当政者。同时，“知”可以被训为“任用”，即“知遇之恩”中的“知”的意思。如此训诂的话，“人不知而不愠”就可以这样解释：“当政者虽然没有重用我，但我并不衔怨在心。”颇有一种“修身以俟命”的意味，当然是一种淡泊名利的君子之风。高尚榘先生主编的上下册的《论语歧解辑录》这套宝书，我认真读过两遍。《论语》中的几乎每一句话，都有多重解释。哪怕是“温故而知新”这样一句简单的话，“而”应该翻译为并列连词 and，还是译为因果连词 therefore ？要知道，这会导致完全不同的理解。

我没有诋毁中国文字和传统文化的歹毒用心，但一种语言总是不能清楚地表达意义，那它就成了一把“矢不中的”的弓，一种先天残缺的交流工具。如此不精确的语言，怎么可能引导人们进行严密的逻辑思考呢?没有严密的思考，科学如何产生呢?我禁不住还想问问大家：如果没有西方文明的破门而入，让中国文化自身发展衍生出现代科技文明，需要多长时间?

[1] 杨朝明:《论语诠解》，济南：山东友谊出版社，2013 年，第 4 页。

5

第五章

# 从怀疑论谈起

Qitang Jijian Zhexueke

# 54. 猴子之死

布瑞迪（Joseph V.Brady）是美国霍普金斯大学医学中心的行为生物学教授，他于1958年进行了一次著名的“执行猴”实验。将8只猴子分成两组接受电击实验，对于实验组的猴子，笼中装有可以将电击延迟的杠杆。而控制组的猴子，并没有这种幸运，它们必须接受每20秒钟一次的电击，强度为5毫安，持续时间0.5秒。实验的结果是，能够用杠杆改变自身处境的实验组的四只猴子，分别在第9、23、25、48天死亡，它们死于严重的胃溃疡。相反，控制组的猴子却没有任何胃溃疡的迹象。“这一实验结果与当时的某种现象具有一致性，即那些处于支配地位、拥有权力和责任、需要经常做决策的人，如经理、董事长等，更容易患胃溃疡，因为他们就像‘执行猴’一样，所从事的工作使他们总是处于强烈的应激之中。”[1]将类似的实验用在老鼠身上，第一组是控制组的老鼠，不接受任何电击；第二组是可预测电击组，接受周期性的固定电击；第三组是实验组，接受不可预测的电击。实验结果是，不可预测电击组的老鼠患上胃溃疡的机率远远高于其他两组。“不可预测的生活事件，可导致个体控制感的丧失，可能使其紧张、焦虑等消极情绪更强烈，并通过心身中介机制，影响生理功能，导致躯

[1]沈晓红编著：《健康心理学》，杭州：浙江教育出版社，2009年，第16页。

体疾病（如胃溃疡等）的发生。”[1]

那么，当人类处于紧张和压力之下的时候，是否会损害自己的健康？有心理学的实验证明，学生在“面临考试时的伤口愈合的平均时间比假期时要长40%”。[2]有很多人将人生比作一场死而后已的考试，在这个没有模拟考试的考场中，谁能不紧张呢？叶公子高奉楚王之命出使齐国，愁到“朝受命而夕饮冰”的地步，并且给孔子诉苦说，“事若成，则必有阴阳之患（身体生病）”，“事若不成，必有人道之患（国君处罚）”。《周易》以既济卦、未济卦结束，卦象分别为水上火下、火上水下。总而言之，无论成（既济）与不成（未济），人生都是水火煎熬的过程。

卢梭认为深谋远虑地思考着的人类是堕落的动物，也是不健康的动物。他这样描述社会生活中的文明人：“因为生活方式的极度不规律：一些人闲散过度，另一些人劳作过度；食欲和感官欲望容易被激发，也容易得到满足；富人的饮食太过讲究，精致的食物让他们得便秘，深受消化不良之苦；穷人食用低劣的食物，甚至于经常连这样的食物都吃不上，食物的匮乏令他们一有机会就贪食；彻夜不眠，事事放纵，各种情绪的极度激动；疲惫不堪，殚精竭虑，忧心忡忡；在各种情况下承受的无数痛苦永久地折磨着人类。这些令人沮丧的证据表明，我们大多数的不幸都是自己的杰作，只要保持自然为我们制定的简朴、

[1]同上，第27页。

[2]同上，第84页。

单一、独居的生活方式，它们就几乎可以全部避免。”[1]

历史的车轮在滚滚向前，卢梭所渴望的那种“鸡犬之声相闻，民至老死不相往来”（《老子》第80章）的自然状态一去不返。然而，我们必须承认卢梭的洞见：大自然所能加给人类的苦难是有限的，太多的痛苦和折磨都是人类自造的。摆在我们面前的任务是：如何减少人类那些“自作孽”的痛苦。

## 55. 心灵的宁静

古希腊的第一位哲学家泰勒斯总是说，死了跟活着一样。有次别人问他为啥不去死，他回答说：“因为死了跟活着一样。”[2]此外，苏格拉底也曾说：“学习哲学就是练习死亡。”（《斐多篇》）依照苏格拉底的看法，通过痛苦和快乐这两根铆钉，灵魂被钉在肉体之上，学习哲学就是训练灵魂超脱肉体禁锢的能力。如果肉体是灵魂的监狱，学习哲学就相当于一场“越狱技能培训”。活着时，灵魂在肉体中沉睡；死亡时，灵魂才算从睡梦中解放出来。苏格拉底明确表示这种观点是从神秘主义教派的秘仪中学来的，而他自己的真实想法可能更加接近于“怀疑

---

[1]（法）卢梭：《论人类不平等的起源和基础》，黄小彦译，南京：译林出版社，2013年，第29页。

[2]（古希腊）第欧根尼·拉尔修：《名哲言行录》，马永翔、赵玉兰、祝和军、张志华译，长春：吉林人民出版社，2011年，第20页。

论”——“自知自己无知”。

在苏格拉底被指控不信神和败坏青年的时候，苏格拉底反驳说自己从来没有收过一个弟子，更没有收过学费，当然也没有传播任何固定的信仰和价值观。青年人之所以热衷于追随他，那是因为他们乐意看到那些社会名流出丑。因为苏格拉底为了证明那个“苏格拉底是最聪明的人”的神谕是错误的，就去找那些公认的有知识的聪明人进行辩论，没想到却败露了那些权威的浅薄和无知。苏格拉底幡然醒悟，自己之所以是最聪明的人，是因为他是唯一一个知道自己无知的人；而那些所谓的权威和名流，恰好是将自己的无知当作知识，将习俗和偏见作为指导人生的准则。比如，世人皆怕死，怕死意味着：死亡是痛苦和恐怖的。然而，活着的人没有谁真正知道死后到底会如何。那么，他们这种怕死的心态就是毫无根据的偏见。而苏格拉底承认自己对死亡的无知，从而就免除了世俗的偏见。在行为上，他认为自己没有理由拥抱死亡，就像他没有理由拒绝死亡一样。

不知道苏格拉底会不会引庄子为同道，因为《齐物论》中有一个“丽姬悔泣”的故事：“予恶乎知说生之非惑耶？予恶乎知恶死之非弱丧而不知归者耶？丽之姬，艾封人之子也，晋国之始得之也，涕泣沾襟，及其至于王所，与王同筐床，食刍豢，而后悔其泣也。予恶乎知夫死者不悔其始之蕲生乎？”《申辩篇》结尾处苏格拉底发表的见解，与庄子对死亡的看法大体相同。他说：“我去死，你们去活，但是无人知道谁的前程更幸福，只有神知道。”[1]

[1]（古希腊）柏拉图：《柏拉图全集》第一卷，王晓朝译，北京：人民出版社，2003 年，第 32 页。

至此，我们应该看到，苏格拉底的大智大勇乃是建立在“无知”的基础之上的。世人则恰好相反，他们被太多（只能算作“习俗”和“偏见”的）的“知识”充塞头脑，喜怒哀乐均建立其上，苏格拉底准会在内心视这个世界为“疯人院”。的确，他饮鸩待毙时的最后一句话是要求人们在他死后，给希腊的医药之神献上一只公鸡。人们疾病痊愈时要给医药之神献祭，而今，苏格拉底终于彻底摆脱了世人的疯癫之病，灵魂也卸下了所有的成见，获得了永恒的宁静。

要想获得心灵的宁静，就需要认识到自己的无知；要想认识到自己的无知，就需要破除世俗的成见；要想破除世俗的成见，就需要采用怀疑主义的思维方法和人生态度。古希腊怀疑主义虽然以皮浪（Pyrrho，公元前360—公元前270）为标志性人物，但它的确滥觞自苏格拉底。古代的哲学之所以动人心魂，因为那时候的哲学家大都能够做到言行一致、“知行合一”，他们会用生命来践行自己的哲学。皮浪就属于这类风流人物，他对世人的影响如此之大，以至于怀疑主义又被后人称作皮浪主义（Pyrrhonism）。

皮浪辩才无碍，既能够做长篇演说，又能够机智地应对任何诘问。伊壁鸠鲁对皮浪十分敬重，始终关注皮浪的情况。“他的生活方式与其学说相一致，他从不逃避任何事物，不做任何预见，而是直面一切危险，无论是撞车、摔跤、被狗咬还是其他，总之，他从不让感官武断地断定什么……他经常不声不响地离开家庭，和萍水相逢的人结伴四处游荡。有一次阿那克萨库跌入泥坑，他径直走过而没有去拉他一把。别人都谴责他，而阿那克萨库本人却赞赏他的冷漠和无动于衷。”[1]还有一次，他指出哲学家应该像一头猪一样生活。“他乘船出海，遇到了风暴，和他同船的人都惊慌失措，他却若无其事，指着船上一头正在吃食的小猪，对他们说，这就是智慧之人所应具备的宁静状态。”[2]

黑格尔评价古希腊怀疑论道：“事实上，如果一个人真正愿意做一个怀疑论者，那他就是无法说服的，也就是说，根本不能使他变成一个抱持积极的哲学的人——正如一个四肢麻木不仁的人是无法使他站起来的一样。怀疑论实际上就是这样一种麻木不仁，就是一种对于真理的无能为力，只能做到确认其自身，而不能做到确认普遍的东西，只是停留在否定的方面，停留在个人的自我意识上。”[3]

## 56. 怀疑论的原则

怀疑论的思路是这样的：第一，以怀疑论的思维方式来破除世间一切的理论知识，从而让人们陷入彻底的不可知论之中；第二，有了不可知论为基础，就应该对生命中的一切不置可否，这叫“悬置判断”；第三，通过“悬置判断”达到最终的不动心

[1]（古希腊）第欧根尼·拉尔修：《名哲言行录》，马永翔、赵玉兰、祝和军、张志华译，长春：吉林人民出版社，2011年，第502—503页。

[2]同上，第505页。

[3]（德）黑格尔：《哲学史讲演录》第3卷，贺麟、王太庆译，北京：商务印书馆，1959年，第107页。

状态，随缘顺化，心灵宁静。

怀疑论的一个首要原则就是坚守“呈现”（appearance），拒绝“判断”（judgement），因为呈现是感性的、具体的，而判断则是理性的、普遍的。一旦将呈现上升为判断，就会犯独断论的错误，而怀疑的目的就是要破除独断论。比如，怀疑论者会承认：当我在喝蜂蜜的时候，蜂蜜尝起来的确是甜的。这里是在描述个体的感受，是无偏见地接受外物的“呈现”。[1]然而，一旦形成一个理性的判断“蜂蜜是甜的”，这就意味着甜是蜂蜜具有的一种稳定的属性，并且它具有普遍性，所有的人都应该这样去感知蜂蜜。然而，现实中对蜂蜜的感知会千差万别，不可能形成统一的、普遍的认知。坚守呈现、拒绝判断的原则，也可以说是反对理论构建的原则。越是复杂的理论知识，就越不可靠，因为它们是由众多的独断论命题构成的。然而，在怀疑论者看来，所有的命题都有反命题同样成立。比如有的哲学家认为世界是一，而有些则认为世界是多，他们的论证都同样有道理。承认相互对立的命题同样有道理，就等于承认它们都不是真理。所以，怀疑论者要学会远离独断论，“悬置判断”。

怀疑论者要破除的是独断理论，但并不能消灭感官接收的“呈现”，即感官接受的刺激。就像怀疑论者会承认蜂蜜尝起来是甜的一样，他们当然也会承认打针时有疼痛的感觉。怀疑论不能消灭感觉，但却致力于消灭妄想，即因前思后想而产生的各种观念。比如，小孩子在打针之前和之后都会哭，然而，疼

[1]（古希腊）塞克斯都·恩披里克：《悬置判断与心灵宁静——古希腊怀疑论原典》，包利民等译，北京：中国社会科学出版社，2004年，第7页。

痛的“呈现”仅仅存在于打针的时候。所以，小孩子的痛哭是建立在妄想的基础之上的。怀疑论者致力于消除人类给自己制造的不必要的精神困扰，从而实现心灵的宁静。

“悬置判断”这种论调有点佛教放弃执着心和分别心的味道，以至于有学者怀疑，皮浪随亚历山大远征印度时从裸行智者那里受到了启发。[1]亚历山大东征始于公元前334年，那时皮浪26岁，从时间上说是没问题的。我感兴趣的是，皮浪能否在行为上将自己“悬置判断”的怀疑论贯彻到底。“还有一次，一条恶狗扑向他，把他给吓着了，有人为此批评他，他回答说，要完全摆脱人的弱点并非易事；但是人们应该竭尽全力与现实抗争，如果可能的话，用行为抗争；不可能的话，则用言辞。”[2]我认为皮浪的回答是诚实的，只是不知道光头和尚碰上恶狗扑来时能否做到“不动心”。

## 57. 怀疑论的十式

所谓“十式”，即10条论证，目的在于论证人们对外物的认知不具有普遍性和确定性，因此是不可靠的。这10条论证

---

[1]汪子嵩、陈村富、包利民、章雪富：《希腊哲学史》第四卷，北京：人民出版社，第874页。

[2]（古希腊）第欧根尼·拉尔修：《名哲言行录》，马永翔、赵玉兰、祝和军、张志华译，长春：吉林人民出版社，2011年，第504页。

大体上说是具有层次性的，前 4 条是讲认识主体不确定；第 5、6、7 条是说认识客体不确定；第 8、9、10 条则分别谈到命题、事件和文化的不确定性。我们做个简单的罗列，而后进行阐释：1. 不同的物种；2. 不同的个体；3. 不同的感官；4. 不同的状态；5. 不同的距离；6. 不同的介质；7. 不同的度量和结构；8. 不同的参照；9. 不同的频度；10. 不同的文化。

1. 不同的物种。这一点大家很容易理解，不同的动物对外界事物的认知肯定会千差万别。狗和猫夜间也能看到东西；鹰眼极其锐利；狗鼻能够通过气味的浓淡变化来判定时间；蝙蝠则能够利用超声波定位；蜜蜂的复眼犹如雷达；鸽子能够通过地球磁场导航；鲨鱼对磁场极其敏感……如庄子所言“民湿寝则腰疾偏死，鳍然乎哉？木处则惴栗恂惧，猿猴然乎哉？三者孰知正处？民食刍豢，麋鹿食荐，虮蛆甘带，鸱鸦耆鼠，四者孰知正味？猿猵狙以为雌，麋与鹿交，鳍与鱼游。毛嫱丽姬，人之所美也；鱼见之深入，鸟见之高飞，麋鹿见之决骤，四者孰知天下之正色哉？”（《庄子·齐物论》）

2. 不同的个体。即便是同一物种，对世界的认识结果也不尽相同，因为个体之间差别很大。同样是人，有人能吃辣，有人不能吃；有人能喝酒，有人不能喝；有人爱吃海鲜，有人则会过敏；有人爱种田，有人爱经商……

3. 不同的感官。即便是同一物种的同一个体，他的不同感官之间也会得出不同的认识结果。用眼睛来把握苹果，得出的是形状和颜色；而用鼻子去把握，得出的则是气味。人的五种感官，互相不能通约。

4. 不同的状态。即便是同一物种、同一个体、同一感官，它所处的状态不同，得出的认识结果也会不同。“例如，健康、疾病，睡眠、清醒，高兴、悲伤，年轻、年老，勇敢、恐惧，缺少、满足，憎恨、喜爱，冷、热，更不用说呼吸顺畅和呼吸不畅了。”[1]这些都会影响人们对事物的感知。

5. 不同的距离。最明显的例子就是透视原则，因为物体距离我们远了，就显得小了。远处的铁塔被认为是圆形的，走近了才看出是方形的。

6. 不同的介质。筷子在水中看起来变弯了；石头在水中变得轻了；声音在零下 50 度的空气中的传播速度由每秒钟 340 米下降为约 300 米。

7. 不同的度量和结构。石墨和金刚石都是碳原子组成的，但结构的改变造成了结果的不同。银子是白色的，锉成屑却是黑色的（古希腊人不懂氧化作用）。很多药物的摄入量改变，导致的结果就会大不相同。

8. 不同的参照。事物之间是相互联系的，根据的参照物不同，就会得出完全不同的结论。比如，轻重、强弱等，并非是事物自身固有的属性，而是在比较中判定的。如老子所言：“有无相生，难易相成，长短相形，高下相倾，音声相和，前后相随”（《老子》第 2 章），这些都是建立在事物之间的“关系”之上的概念。

9. 不同的频度。偶尔出现一次日全食，大家争相观看，如果天天出现日全食，大家就会习以为常。物以稀为贵也是这个道理，玉石也是石头，只是比石头稀少而已。

[1]同上，第 511 页。

10. 文化的不同。不同民族、不同地区和不同历史时期的人们，有着差别极大的习俗和法律。波斯人与自己的女儿结婚很自然，希腊人却不认同。丧葬方面，有人土葬，有人火葬，还有人天葬。缠足本是对女性的摧残，但却在中国流行上千年，到了孙中山总统的时候才废除。明代“朱元璋将与其对抗的张士诚旧部编为丐户，下令浙东丐户，男不许读书，女不许缠足”，[1]不许缠足居然与不许读书一样，成了一种羞辱和惩罚，可见缠足这种彻头彻尾的变态做法是何等之深入人心。

# 58. 阿格里帕的三难困境

怀疑论者阿格里帕（Agrippa）提出了怀疑论的“五式”，显然理论化程度更高。第一，意见分歧（disagreement）。任何命题的反命题同样成立，即所谓“二律背反”的普遍存在。第二，相对性（relativity）。如前所述“十式”中第 8 条所言，有众多概念和命题是在对比“关系”中成立的，脱离了环境条件，性质就发生了变化。第三，无穷倒退（extension ad infinitum/infinite regression）。也就是支撑命题的那些论据需要新的论据，以致无穷。第四，假设（hypothesis）。又叫“独断论”（dogmatism），即命题的前提和出发点，缺乏可靠的根据，完全是从假设出发的。第五，循环论证（reciprocal inference/

[1] 高洪兴:《中国缠足史》，上海：上海文艺出版社，1995 年，第 22 页。

circular argument)。即前提和结论互为因果，形成循环。

如果把第3、4、5三条放在一起，就是所谓阿格里帕的三难困境（Agrippa’s trilemma）的著名论题。任何一个命题，如果要成立，自然都需要有证据支撑。比如，“明天要下雨。”你需要提供理由，“我听了天气预报”，可是“为什么天气预报值得信赖?”你就需要不断地为论据提供新的论据，如此下去，会导致无穷无尽的倒退。结果，人们连一句真正有根据的话都说不出来。为了避免无穷倒退，可以选择“独断论”，即当退到一定地步的时候，拒绝继续为论点提供证据，而认为这就是自明的公理。比如，世界是物质的，可是物质是从哪里来的?回答：物质是上帝创造的。那么，上帝是谁创造的?回答：上帝是最终的原因。如果承认上帝还有创造者，那就重新陷入了无穷倒退。

当然，如果既不想陷入无穷倒退，又不想陷入独断论，还有第三条路可走，那就是循环论证。比如，为什么我是一个诚实的人，因为我从不说谎；反过来，为什么我从不说谎，因为我是一个诚实的人。循环论证完全没有说服力，如果循环论证成立的话，人们就可以信口开河啦。再举一例，为什么皮肤会排泄污物，因为皮肤上有毛孔；反过来，为什么皮肤上会有毛孔，因为皮肤要排泄污物。

人类的知识体系的大厦总要通过命题的一砖一瓦来构建，而每一个命题本身都不可避免地要陷入“阿格里帕的三难困境”之中，因此根本没办法建立起来。阿格里帕的三难困境依然坚持了怀疑论的基本原则，坚守呈现，拒绝判断，从而使得人们根本无法达成普遍的理性认识。哲学要寻求确定性，而怀疑论总是去挖墙脚。怀疑论甚至被视为哲学的敌人，但它的确是哲学的盟友。下面，我们就以“上帝存在”的论证为线索，看看怀疑论同哲学之间的抗衡。怀疑论之所以是哲学的盟友，因为它们促成了知识论的发展和完善。

## 59. 跳出相对主义

怀疑论的原则就是坚持认知的个人化原则，拒绝将认知普遍化；同时，坚持使个体对世界的认知停留在感性层面，拒绝上升到理性判断。如此一来，根本就无法构建出任何有效的知识体系，自然也就没有了所谓“真理的标准”的问题。事实上，古希腊怀疑论奉行的是感觉的相对主义的原则，以感觉来反对感觉，从而瓦解所有知识的根基。如果人们连基本的感性知识都不能达成一致的认识，无法形成一个统一的理性概念，哪里还有知识的可能性呢？

卢克莱修（Titus Lucretius Carus，公元前 96？—公元前 55）对这种感觉的相对主义提出了严厉的批评，他说：“难道耳朵应该有能力责备眼睛，抑或触觉能够骂耳朵？是否味觉应该控告这个触觉，抑或由鼻子来反驳它？我们相信都不是这样；因为对于每一感官，都已划分好它独特的任务；各有各自的能力……所以没有一种感官能裁判另一种感官。也没有任一种感官能够责备它自己，因为永远必须认为它是同样地值得同等的信任的。"[1]尤其是，卢克莱修指出，怀疑论通过推理论证来质疑感官的可信度，是自相矛盾的，因为论证过程所使用的概念、判断和推理不也是建立在感觉经验的基础之上的吗？我认为卢克莱修的反驳是有效的，因为如果人们没有资格用感觉来否定感觉，就更没有资格用理论来否定感觉。

如果感觉相对主义是不成立的，理论的相对主义同样不能成立，比如《庄子·齐物论》中就有一段有关相对主义的话：

> 即使我与若辩矣，若胜我，我不若胜，若果是也？我果非也邪？我胜若，若不吾胜，我果是也？而果非也邪？其或是也？其或非也邪？其俱是也？其俱非也邪？我与若不能相知也。则人固受其黮闇，吾谁使正之？使同乎若者正之，既与若同矣，恶能正之？使同乎我者正之，既同乎我矣，恶能正之？使异乎我与若者正之，既异乎我与若矣，恶能正之？使同乎我与若者正之，既同乎我与若矣，恶能正之？然则我与若与人俱不能相知也，而待彼也邪？化声之相待，若其不相待。和之以天倪，因之以曼衍，所以穷年也。

庄子绝非要支持相对主义，他的理论基点是"天"而不是"人"。从"人是万物的尺度"的立场出发，当然就发现世界上有千差万别的矛盾；但从天道的观点看，则万物"齐同"。接下

[1]（古罗马）卢克莱修：《物性论》，方书春译，北京：商务印书馆，1981年，第215—216页。

来，我们看看其他跳出怀疑论的途径，主要围绕论证“上帝存在”这一问题展开。

## 60. 阿奎那的宇宙论证明

古希腊的怀疑论者也曾对运动问题进行过怀疑，认为运动无法存在。因为，一个运动物体要么是被其他事物推动，要么是被自身推动。若是它由外物推动，而推动者也是被推动的，如此就会陷入无穷倒退。然而，假设一个物体自己推动自己就更加难以理解，“如果它以前推的方式推动自身，那它就落在自身之后了；如果它以后拉的方式推动自身，那它又处在自身之前了；如果它以上提的方式推动自身，那它又挂在自身之下了；如果它以下压的方式推动自身，那它又浮在自身之上了。”[1]从运动的动力因推导出宇宙的“第一推动者”，亚里士多德已经有过这样的思路。虽然遭到了怀疑论者的批评，但到了中世纪，托马斯·阿奎那（Thomas Aquinas，1225—1274）仍然拿来作为论证上帝存在的一个重要思路。

阿奎那提出了关于上帝存在的“五路”证明，其中前三条是因果关系推论的变形而已。第一，经验告诉我们，事物总是运动的，而运动的事物不可能自己推动自己，就像手在推动手

[1]（古希腊）塞克斯都·恩披里克：《悬置判断与心灵宁静——古希腊怀疑论原典》，包利民等译，北京：中国社会科学出版社，2004年，第138页。

杖，所以，它们总是被外物推动的。如果追溯到第一推动者，那么，它就是上帝。第二，经验告诉我们，一个事物的产生和出现，总是由现在的事物作为条件和诱因。如此推论下去，导致事物存在的第一因便是上帝。第三，经验告诉我们，有些事物的存在具有偶然性，如果世间的一切事物都是偶然性的存在，那么，世界就会在某个时刻一无所有，而这是荒谬的。所以，偶然事物的存在一定要以必然事物的存在作为其原因。这个具有必然性的存在者就是上帝。

第四，经验告诉我们，世间的事物存在着等级差别，由简单到复杂，由低级到高级，由不完善到完善，由不高贵到高贵。而较高等级的存在是较低等级存在的原因，就如同火是一切事物的热的原因一样。如果推论下去，那个至高的真善美的结合体，那个万事万物的最终决定因就是上帝。

第五，经验告诉我们，自然界的一切事物都向着目的发展运动。事物向着目标前进并不是出于偶因，而是因为意图。阿奎那说："但是，如同箭是由箭手来引导一样，那些没有思维的事物除非它们受一个思维者和理性认识者的引导，否则，它们就不会追求目的。所以，存在一个有理性的认识者，一切自然事物因为它而有序地追求目的。这就是我们所说的上帝。"[1]

所谓的宇宙论证明，即从后天经验出发的证明。"托马斯主张的后天证明从经验观察的事实出发追溯它们的超验原因，他遵循的是由感性上升为理性的亚里士多德主义认识原则，这与

---

[1] 托马斯·阿奎那：《神学大全》，转引自黄裕生主编：《西方哲学史·中世纪哲学》，南京：凤凰出版社，2005 年，第 444 页。

奥古斯丁在人的内心深处挖掘以及安瑟尔谟在先天观念的意义领域分析的证明方式大相径庭。”[1]总体看来，阿奎那的五路证明都同因果律有着紧密的联系。然而，因果律在论证上帝存在方面的合法性，也遭到了来自怀疑论者的攻击。

## 61. 对因果律的质疑

如果你头疼，到医院检查了半天，最后医生告诉你：“头疼就头疼，没有什么原因。”你一定无法接受这样的解释，万事万物都处于因果联系之中，岂能有没有原因的结果？

古希腊怀疑论已经有过对于因果律的质疑，但他们当时的推论有点诡辩的性质，这里不再赘述。我想介绍的是休谟（David Hume，1711—1776）对于因果律的质疑。一般情况下，我们都认为因果关系具有先验的必然性，凡是结果必有原因，凡是原因必有结果，乃至于佛教有句自相矛盾的说法——“万法皆空、因果不空”。试想，如果万法都通过因果律的形式显现，那么，“因果不空”的自然结论就是——万法皆不空。

休谟对因果律的质疑，实质上是对于因果律的“先验必然性”的质疑。休谟是彻底的经验主义者，认为一切知识均来自经验，未经经验验证的知识是不可靠的。因果关系也不可能先验地获得，在没有经验作为指导的前提下，人们的思维会产生

[1] 赵敦华：《基督教哲学1500年》，北京：人民出版社，1994年，第374页。

无穷多的选择，并且不知道选择哪一种结果。对于一个从来没有见过炸药的人，他无法从炸药中推理出爆炸来，除非他有过这样的经验。所以，休谟也在经验领域中寻找因果律信念的起源。他发现：当我们习惯于看到相似经验的恒常联系的时候，就会在习惯的基础之上建立起一种因果观念。

比如，我带着儿子坐电梯时总是说“芝麻开门”，时间长了，儿子就把我说话和电梯开门之间建立起了一种因果关系。他问我：“爸爸，为什么你说开门，门就开了呢?”事实上，这种因果关系纯粹是心理联想的结果，根本就不存在。休谟认为，因果律涉及三种不同的关系：“空间上的邻近关系（spatial contiguity），时间上的先后关系（temporal priority）和必然联系（necessary connection）。在被认为具有因果关系的一对事件中，我们都容易发现前面两种关系。然而，问题在于：在一些情形中，即使两个对象确实具有这两种关系，我们还是很难认为它们之间是由因果联系的。”[1]就上述例子而言，我儿子只是经验到了 A（爸爸说话）和 B（电梯开门）两个事件在时空中的相继出现，他并没有直接经验到“必然联系”。休谟说：“至于经验，则它也只是教导我们，一种事情如何恒常地跟随着另一种事情，它并不能告知我们能结合它们，并使它们有不可分割的那种秘密的联系。”[2]

我们知道，因果律是一切知识的基础，如果因果律并不具有先验的必然性，那么，休谟就击破了一切理论知识的合理性

[1] 徐向东:《怀疑论、知识与辩护》，北京：北京大学出版社，2006 年，第 89 页。
[2]（英）休谟:《人类理解研究》，关文运译，北京：商务印书馆，1957 年，第 61 页。

内核。休谟对因果律的怀疑，依然遥遥呼应着怀疑论的原则：坚守呈现，拒绝判断。

## 62. 佩利的设计论证明

如果我在沙漠戈壁中探险，穷困倦极之时看到一个被遗弃的古代城堡，进去休息一番，而后整装出发。如果我对你说这个城堡是自然形成的，肯定不能令人信服。经验和常识告诉我们，这城堡必然是有智慧的人类建造的。

同理，我们仰观宇宙，发现日月星辰在天空中运转，天文学家可以用数学公式推导出它们的运行轨迹，这会是自然形成的吗？覆杯水于地，你能够让水自然形成一个正方形或圆形吗？《圣经》中说："自从造天地以来，神的永恒的大能和神性是明明可知的，虽是眼不能见，但藉着所造之物就可以晓得，叫人无可推诿。"（《罗马书》）英国牧师威廉·佩利（William Paley，1734—1805）在《自然神学》一书中就采用了这样的思路来论证上帝的存在。他在开篇伊始就说，如果我在树丛中碰到一块石头，我们会认为石头原本就在那里，并且不觉得这种解释荒谬。但是，如果我们碰上一块手表，我们却会认为："那块表必然有一个创造者"，因为它有组织性和协调性，能够有规律地报时。佩利主要以动物的身体器官的独特构造为例子，来说明其中显而易见的设计痕迹，比如毒蛇的牙、骆驼的胃和啄木鸟的舌头等。他通过类比推理，得出这个设计精巧的世界必然也有一个创造者，即上帝。

今天，大多数人都会认为这是一个老掉牙的拙劣论证。首先，他们认为生物体的精致结构和独特功能是在进化中形成的，达尔文给了佩利致命的一击。其次，他们认为，即便这个宇宙有一个设计者，那也无法证明这个设计者就是基督教神学理论中的上帝。火山、地震、疾病、瘟疫的存在，也说明这个设计者的善良和伟大吗？事实上，达尔文的进化论漏洞颇多，进化论并不是牛顿的万有引力定律那样的科学，而是一个假说。因此，我们不能用一个假说去推翻另一个假说。其次，关于恶的讨论涉及神正论的问题，它讨论的是神的性质，而不是神的存在。总之，我认为这两种对佩利的反驳并非全面有效。

对设计论最著名的反驳还要数休谟在《自然宗教对话录》中提出的论证。依照休谟对于因果关系的看法，“在一切情形下，我们总是明白地或默认地，直接地或间接地把我们的经验转移到我们所没有经验过的例子上。”[1]比如，我们知道人类体内有血液循环，因此就推论青蛙和鱼类也是如此，“若我们从血在动物体内循环的经验推出植物液汁也在蔬菜内循环，这种类比的推论就更脆弱”。[2]休谟进一步说，我们有过别人造钟表或造房子的直接及间接的经验，所以，我们可以推论出创造者的存在。“但是从部分中得出的结论能够合适地推而用之于全体吗？其间的巨大悬殊，不是禁止着一切的比较和推论吗？观察

[1]（英）休谟：《人性论》，关文运译，北京：商务印书馆，1980年，第125页。

[2]（英）休谟：《自然宗教对话录》，陈修斋、曹棉之译，北京：商务印书馆，1962年，第19—20页。

了一根头发的生长，我们便能从此学到关于一个人生长的知识吗？”[1]我们为了扩大自己的知识，总是把经验中观察到的关系应用到经验之外的事物上面，也就是说，将仅仅适用于经验世界的因果律，超验地应用到对于上帝存在的论证之中。如果在讨论上帝存在的问题上，不能够使用因果律，那么，佩利的类比论证，就是经验知识的一种僭越，因此是无效的。

休谟的论证在50%的概率上是有效的。以经验规律为依据去对超验领域做肯定论述是无效的僭越，那么，做出否定论述同样也是僭越。既然人们的知识只能够停留在经验的范围之内，那么，休谟自然也不应该断言这个宇宙必然没有一个创造者；就如同佩利不能断言这个宇宙必然有一个设计者一样。换言之，我们不能用类比推理去证实上帝的存在，同样也不能用类比推理去证伪上帝的存在。

## 63. 安瑟伦的本体论证明

安瑟伦（Anselmus，1033—1109）关于上帝存在的本体论证明不同于阿奎那和佩利，这种证明属于先天证明，即不求助于后天经验，而是从上帝的概念中分析出上帝的存在。

安瑟伦说，如果有一个愚人说自己不相信上帝存在，那么，我们禁不住会问他：“你谈谈那个不存在的上帝是怎样的？”他

[1]同上，第23—24页。

会回答说："一种可设想的无与伦比的伟大东西。"安瑟伦说，还有一种"可设想的无与伦比的伟大东西"，它不仅在心中存在，而且还在现实中存在，那么，它就比"愚人"心中的那个观念更加伟大。简言之，如果一个"无与伦比的伟大东西"不存在，那就不是真实的"无与伦比"。名副其实的"无与伦比"，必然既在心中存在，也在现实中存在。

这种论证遭到了法国僧侣高尼罗（Gaunilon，生平不详）的反对，他写了一篇《为愚人辩护》的文章进行反驳。高尼罗虚构了一个海上仙岛作为类比，说我们可以设想一个富庶无比且完美无比的仙岛，但这并不意味着这仙岛就必须存在。当然，人们可以按照安瑟伦的思路反驳说：不存在的话，就不是"完美无比"的仙岛了；所以，只要设想它"完美无比"，就必然存在。高尼罗说："假如一个人，想用这种推理向我说这个岛真正存在，并说它的存在性再也不容怀疑，那么，我只觉得他不是在开玩笑，就是在我们两人之间不知道该把谁算作大傻瓜才好：假如我同意他，我就是傻瓜；假如他自以为已经确然证明了这个岛的存在，他就是傻瓜。"[1]

说实话，高尼罗的反驳虽然激烈，但并没有揭示出问题的要害所在。首先，存在，未必就是优越性和完美性的证据，肿瘤和癌症也存在，并不证明拥有这些疾病的人比没有这些疾病的人更完美。其次，存在（或"是"）能否与一般属性（颜色、气味、形状等）并列？或者说，"存在"能够做谓词吗？康德显

[1] 北京大学哲学系外国哲学教研室编：《西方哲学原著选读》上册，北京：商务印书馆，1981年，第247页。

然给出了否定的回答，“‘是’显然不是什么实在的谓词，即不是有关可以加在一物的概念之上的某种东西的一个概念。它只不过是对一物或某些规定性本身的肯定。用在逻辑上，它只是一个判断的系词。”[1]比如说“苹果是红的”，这就是将“红”这个表示属性的谓词加在了主词“苹果”之上。然而说“苹果存在”，就没有给主词苹果添加任何内容，因为“存在”（“是”）不可以做谓词，它只是个系词，没有资格同表示属性（颜色、气味、形状等）的谓词并列存在。

康德将命题分为两类，即分析命题和综合命题。对于分析命题而言，谓词的内容包含在主词之中，比如“单身汉是没有结婚的男人”，这种命题中的谓词并没有给主词增添任何内容。相反，能够给主词添加新内容的是综合命题，比如，“单身汉是不快乐的”，“不快乐”并不是从“单身汉”中分析出来的。

稍作总结：第一，“存在”没有资格做谓词，它不可能给主词添加任何内容；第二，能够给主词添加新内容的是综合命题，而不是分析命题。诸如“此物存在”或“彼物存在”之类命题，因为没有给主词添加任何内容，所以“是一种可怜的同义反复”，被康德划在了分析命题的一类。据此，康德断言：“正如每个有理性者都必须承认的那样——任何一个实存性命题都是综合的。”[2]换言之，一个分析命题无论在逻辑上如何合理，也不能担保主词的实存性。比如，“飞马是马”和“飞马会飞”，因为

[1]（德）康德：《纯粹理性批判》，邓晓芒译，北京：人民出版社，2004年，第476页。

[2]同上，第475页。

是分析命题，所以并不蕴含“飞马”的实际存在。安瑟伦试图通过对上帝概念的先天分析——“上帝是一个可想象的无与伦比的伟大东西”——来担保“上帝”的实存，这也是不可能的。

## 64. 笛卡尔的阿基米德点

笛卡尔（René Descartes，1596—1650）说：“阿基米德只要求一个固定的靠得住的点，好把地球从它原来的位置上挪到另外一个地方去。同样，如果我有幸找到了哪管是一件确切无疑的事，那么我就有权抱远大的希望了。”[1]在笛卡尔这里，怀疑论不再是目的，而成了一种方法论的手段。如果说古希腊的怀疑论的目的是通过“悬置判断”来实现心灵宁静；笛卡尔的怀疑则是为了将整个哲学从怀疑论的泥淖中拯救出来。他需要一个立足点，着力点，也就是他的“阿基米德点”。

在“第一个沉思”中，笛卡尔将怀疑论贯彻到底。他怀疑一切，怀疑自己的现实生活是否就是一场梦幻，怀疑自己是否一丝不挂，就像有些疯子，幻想自己是盆子、罐子，或者身体是由玻璃做成的。他不但怀疑具体的可感物体，也怀疑物体的广延和数目是否真实，怀疑正方形是否真的有四条边，心中的那些几何定理，是否会是一个狡诈的精灵布置好的骗局。

---

[1]（法）笛卡尔：《第一哲学沉思集》，庞景仁译，北京：商务印书馆，1986年，第22页。

在“第二个沉思”中，笛卡尔找到了他的“阿基米德点”——“我思故我在”的命题。在怀疑中，笛卡尔反省道：“那么我究竟是什么呢？是一个在思维的东西。什么是一个在思维的东西呢？那就是说，一个在怀疑，在领会，在肯定，在否定，在愿意，在不愿意，也在想象，在感觉的东西。”[1]比如一块蜂蜡，刚从蜂房拿出来时有它固定的形状、颜色和香气，但是拿到火炉旁却变了形。然而，无论蜂蜡的各种变化是否真实，或者它根本就不是蜡，或者我自己根本就没有眼睛，然而，只要我“断定”它存在，得出的最终结果都一样，即我存在。因为“怀疑”“断定”等思考行为本身就证明了思考者的存在，这是自明的。笛卡尔说：“我在这里关于蜡所说的话也可以适用于外在于我、在我以外的其他一切东西上。”[2]

在“第三个沉思”中，笛卡尔求助于因果律来论证上帝的存在。笛卡尔明确指出：“在原因里一定至少和在它的结果里有一样多的实在性。”[3]既然这个思考着的我是存在的，那么，我的存在不至于是没有原因的，这个原因也是存在的。我自己能够是自己的原因吗？笛卡尔说，如果我不依存于其他一切东西，那么，我就是自己的造物主，如此说来，我就是上帝。如果我能够创造我自己，我就应该能够保证自己在将来同样存在，因为“保存和创造只是从我们的思想方法来看才是不同的，而从

[1]同上，第27页。

[2]同上，第33页。

[3]同上，第51页。

事实上来看并没有什么不同”。[1]然而，我从来没有那样的能力，我明显地感觉到自己的不完满，正在怀疑就是自己不完满的证据。

笛卡尔接下来的论证可与安瑟伦的本体论证明相衔接。他认为，单从我存在和我心里有一个至上完满的存在体（也就是说上帝）的观念这个事实，就非常明显地证明了上帝的存在。因为上帝这样一个完满的观念不可能来自我不完满的本性，它必然是从外部加给我的，是与我被造时与我俱来的。在这里，笛卡尔显然将上帝观念视为是“天赋观念”，他的思路如下：“不完满”是在与“完满”的对比中出现的，就如同“低”是与“高”的对比中形成的，因此，我对自身拥有的“不完满”的观念，就已经证明了这个“完满”的上帝观念的存在。既然我“领会”到的那个“我”是存在的，那么，我“领会”到的那个上帝也是存在的，因为“我”是“他”的结果，而“他”是“我”的原因，原因的实在性不应该小于结果的实在性。

问题在于，我们心中这个完满的上帝观念难道不会是来自狡猾的精灵的欺骗吗？笛卡尔诉诸“完满”的道德含义，认为行欺诈是不完满的标志，所以，上帝加给我的这个观念是真实的，进而，上帝也是真实存在的。以同样的思路，诉诸上帝的诚实无欺，我们就可以还原出一直被怀疑所“悬置”的整个世界。

仔细玩味笛卡尔的论证，你会发现它与安瑟伦的论证之间并无本质的区别。除非你是一个唯实论者，认为“共相”具有

[1]同上，第50页。

实体的意义，否则，极难接受他们的论证。就形式上看，笛卡尔与安瑟伦有两点区别：第一，两人都诉诸“原因的实在性大于结果的实在性”这一前提，但安瑟伦是隐蔽地使用，而笛卡尔则有明确表述。第二，两人都接受了自我真实存在的前提，但安瑟伦是不加任何批判地隐蔽使用，而笛卡尔则进行了一番怀疑工作后才确立了这个“阿基米德点”。

6

第六章

# 论真理

Qitang Jijian Zhexueke

# 65. 不死之药

人们面对混沌未知的领域会缺乏安全感，为了获得安全感，哲学总是试图寻求世界的确定性，哪怕是寻找到一个“阿基米德点”，从而就可以构建体系来理解这个世界。理解了世界，就在很大程度上置世界于可预测、可掌控的范围之内。因此，人们渴望获得关于这个世界的“真理”，认为真理是一种良药，可以医治人们面对宇宙时的无助感和面对人生时的荒谬感。先看《韩非子·外储说左上》中的一则关于“不死之药”的寓言故事：

> 客有教燕王为不死之道者，王使人学之，所使学者未及学而客死。王大怒，诛之。王不知客之欺己，而诛学者之晚也。夫信不然之物而诛无罪之臣，不察之患也。且人所急无如其身，不能自使其无死，安能使王长生哉？

对于孔子而言，当他说“朝闻道，夕死可矣”（《论语·里仁》）的时候，会明显给我们一种感觉，仿佛世间存在一个作为“真理”的“道”。一旦把握住了“道”，就实现了人生的价值，可以死而瞑目。然而，孔子周游列国并见到叶公沈诸梁的时候，已经60多岁了。他对自己的评价是“发愤忘食、乐以忘忧，不知老之将至”（《论语·述而》），这说明他依然走在寻求真理的路上。那么，像“不死之药”一样的真理是否存在？《列子》书中的看法似乎是肯定的。

昔人言有知不死之道者，燕君使人受之，不捷，而言者死。燕君甚怒，其使者将加诛焉。幸臣谏曰：“人所忧者莫急乎死，己所重者莫过乎生。彼自丧其生，安能令君不死也?”乃不诛。有齐子亦欲学其道，闻言者之死，乃抚膺而恨。富子闻而笑之曰：“夫所欲学不死，其人已死而犹恨之，是不知所以为学。”胡子曰：“富子之言非也。凡人有术不能行者有矣，能行而无其术者亦有矣。卫人有善数者，临死，以诀喻其子。其子志其言而不能行也。他人问之，以其父所言告之。问者用其言而行其术，与其父无差焉。若然，死者奚为不能言生术哉?”(《列子·说符》)

《列子》书中关于“不死之药”的看法，又分出了“知”和“行”的区别，表明“不死之药”即便存在，也不是所有人能够做到不死的。不知道儒家是否持同样的观点，但可以肯定，中国哲学对于纯粹思辨的形而上学问题是不感兴趣的，他们关注的重心在于“行”上。从孔子与弟子的问答记录来看，孔子并不认为“真理”是一个固定的命题，就像爱因斯坦的公式一样，可以囊括整个宇宙。当孔子的弟子问“孝”、问“仁”的时候，孔子从来没有给出固定不变的回答，他总是随具体情况而给出答案。对于这种思路，王夫之有精辟的论断，他称其为“有即事以穷理，无立理以限事”。(《续春秋左氏传博议·士文伯论日食》)

如果说孔子认为，那种放之四海而皆准、“考诸三王而不缪、建诸天地而不悖、质诸鬼神而无疑、百世以俟圣人而不惑”(《中庸》)的真理是完全不存在的。庄子则认为，即便存在这样的真理，人们也无法将之传递给他人。《庄子·天道》中记载了这样一个寓言故事：

> 桓公读书于堂上。轮扁斫轮于堂下，释椎凿而上，问桓公曰：“敢问，公之所读者何言邪？”
>
> 公曰：“圣人之言也。”
>
> 曰：“圣人在乎？”
>
> 公曰：“已死矣。”
>
> 曰：“然则君之所读者，古人之糟粕已夫！”
>
> 桓公曰：“寡人读书，轮人安得议乎！有说则可，无说则死。”
>
> 轮扁曰：“臣也以臣之事观之。斫轮，徐则甘而不固，疾则苦而不入。不徐不疾，得之于手而应于心，口不能言，有数存焉于其间。臣不能以喻臣之子，臣之子亦不能受之于臣，是以行年七十而老斫轮。古之人与其不可传也死矣，然则君之所读者，古人之糟粕已夫！”

语言、文字能否成为“道”的载体，或者“真理”的传真工具？

# 66. 得意忘象

依照高尔吉亚的看法，语言当然是不可能把真理传达给别人的。他有三个著名的命题：1. 无物存在；2. 即便有物存在，也不可能被人思想和认识；3. 即便被人认识，也无法将认识告诉别人。高尔吉亚坚持思维与存在绝对一致的原则：如果存在物可以被思想，那么，凡是被思想的一切都应该存在。然而，事实并非如此，因为人们可以思想“狮头蛇尾羊身的吐火怪兽”，但这怪兽并不存在。可见，被思想的不存在；反过来，存在也不能被思想。

当然，这里我们要讨论第三点：即便存在物可以被思想，人们也无法将自己的认识告诉别人。首先，各种感官经验之间互相不能通约，视觉信息无法用听觉信息传达，嗅觉信息无法用触觉信息传达。其次，语言是人们表达思想的媒介，但是语言与语言所表达的对象，具有本质的区别。比如“火”，作为语言的“火”和真实的“火”不同，无论你说“火”的温度有多高，你的嘴唇并没有被灼伤。

在高尔吉亚的三个命题中，如果说前两条有诡辩的性质，这第三条却值得我们慎重对待。到了尼采那里，他依然认可高尔吉亚的看法。尼采说：“语言创造者命名的只是事物与人的关系，为了表达这些关系他动用了最大胆的隐喻。首先是神经刺激转变为视觉形象，这是第一个隐喻；而视觉形象又在声音中被摹写，这是第二个隐喻。每一次转变都是从一个世界毫无保留地一跃置身于一个全新和不同的世界中……真理追求者、科学家和哲学家后来置身其中并用它来工作和建设的全部材料即使不是来自乌有之乡，也肯定不是来自事物的本原。”[1]

《周易·系辞上》中说“书不尽言、言不尽意”。魏晋时期的王弼做注道：“夫象者，出意者也。言者，明象者也。尽意莫若象，尽象莫若言。言生于象，故可寻言以观象；象出于意，故可寻象以观意。意以象尽，象以言著。故言者所以明象，得象而忘言；象者所以存意，得意在忘象。犹蹄者所以在兔，得兔而忘蹄；筌者所以在鱼，得鱼而忘筌也。”(《周易略例·明象》)王弼的注解实质上是承认“言尽意”，但他似乎又隐隐地认为，“象”和“言”也会成为理解的障碍，因为他明显主张“得意而忘象”“得象而忘言”。如果“言”始终无碍“象”，“象”始终无碍“意”，那又何必要忘掉它们呢？

## 67. 四假象说

我们之所以要介绍“四假象说”，是因为哲学讨论的真理是从“知识论”（epistemology，或译“认识论”）的角度来谈的，因此它总是涉及“实体”或者“实在”观念。在西方哲学中，谈论存在问题，也就是在追问真理问题。而日常生活中对所谓

[1]（德）尼采：《哲学与真理——尼采1872—1876年笔记选》，田立年译，上海：上海社会科学出版社，1993年，第104—105页。

“真理”的理解，比如“真理就是有用的知识”“真理就是正确的废话”“一切都是相对的”“存在即合理”“不能走极端”之类的言论，我们一概不予讨论。现在谈“四假象说”，也可视作是对这些言论的间接答复。

培根（Francis Bacon，1561—1642）指出了扰乱人心和阻碍人类获得真理的四种假象，即种族假象、洞穴假象、市场假象和剧场假象。简单说来，种族假象是人类本性的限制；洞穴假象是个人本性的限制；市场假象是日常话语的禁锢；剧场假象则是哲学体系的禁锢。因为培根已经解释得十分清晰，所以，我们直接引用培根的原话，而不做多余阐释。

培根认为：“‘种族假象’的基础就在于人的天性之中，就在于人类的种族之中。因为认为人的感觉是事物的尺度，乃是一种错误的论断，相反地，一切知觉，不论是感官的知觉或者是心灵的知觉，都是以人的尺度为依据的，而不是以宇宙的尺度为根据的。人的理智就好像一面不平的镜子，由于不规则地接受光线，因而把事物的性质和自己的性质搅混在一起，使事物的性质受到了歪曲改变了颜色。”[1]

第二是“洞穴假象”。如果说种族假象是人类群体认识真理的障碍，那么，“洞穴假象”则是个体的认识障碍。“因为每一个人（在一般人性所共有的错误之外）都有他自己的洞穴，使自然之光发生曲折和改变颜色；这是由于每个人都有他自己所特有的天性；或者是由于他所受的教育和与别人的交往；或者是

[1] 北京大学哲学系外国哲学教研室编：《西方哲学原著选读》（上册），北京：商务印书馆，1982年，第350页。

由于读书和他所崇拜的那些人的权威；或者是由于印象产生于具有成见的人心中或产生于漠然无动于衷的人心中而有所不同；或者是由于其他类似的原因。”[1]

第三是“市场假象”。“市场假象是四类假象当中最麻烦的一个。它们是通过文字和名称的联盟而爬入理解力之中的。人们相信自己的理性管制着文字，但同样真实的是文字亦起反作用于理解力；而正是这一点使得哲学和科学成为诡辩性的和毫不活跃的。且说文字，它一般地既是照着流行的能力而构制和应用的，所以它所遵循的区分线也总是那对流俗理解力最为浅显的。而每当一种具有较大敏锐性或观察较为认真的理解力要来改动那些界限以合于自然的真正区划时，文字就拦在路中来抗拒这种改变。”[2]

最后是“剧场假象”。学说体系对人具有洗脑的作用，由于人们的懒于思考或是轻信、疏忽，各种哲学教条就被移植到了人们心中，成为遮蔽真理的障碍。培根说，如果不是由于宗教神学对人心的禁锢，以及专制统治对思想自由的钳制，那么，哲学体系将会更加纷繁复杂。“正如在天体的现象方面人们可以构出许多假设，同样（并且更甚）在哲学的现象方面当然亦会有多种多样的教条被建立起来。在这个哲学剧场的戏文中，你会看到和在诗人剧场所见到的同样情况，就是，为舞台演出而编织的故事要比历史上的真实故事更为紧凑，更为雅致，和更为合于人们所愿有的样子。”[3]

---

[1]同上，第350页。
[2]（英）培根：《新工具》，许宝骙译，北京：商务印书馆，1984年，第30—31页。
[3]同上，第34页。

# 68. 真理的标准

在西方哲学传统中，认识论发端于对于世界本原问题的探究，而真理问题属于认识论领域的问题，即人们关于世界本原的认识是否正确，有何标准可以衡量？所以，我们讨论真理的标准问题，也要局限在认识论的领域。一般说来，真理的标准大体可以分为三类：第一，符合论；第二，融贯论；第三，实用论。事实上，我们很少看到一个哲学家在讨论真理问题时，自始至终坚持唯一的一种原则。可以说，这三种所谓的真理标准并非是规定性（prescriptive）的守则，而是描述性（descriptive）的概括。

首先是符合论。符合论是我们最常见的对真理的规定，比如，“我的口袋有三十三块！”这句话是否为真，翻开口袋看看就知道了。一个命题所陈述的内容与经验验证能够对应，那便是真理；或者说，主体的认知与客体的事实相符合，就说明认识具有真理性。

人们想用经验去验证一个命题，但不同的经验之间会相互抵牾。古希腊时期的怀疑论就明确察觉到了这一点，并举出了很多的例子。其次，符合论难以解释诸如幻肢和梦境。被截肢的人说自己感觉到胳膊被蚊子叮咬，其实那胳膊已经不存在了，那么，他的感觉经验是真还是假？第三，很多哲学命题是形而上学命题，没办法拿经验中的事实来验证。比如，世界的存在需要第一因吗？世界有一个开端吗？怀疑论也注意到此类问题，所以才会有诸多二律背反的论证。

其次是融贯论。融贯论坚持命题与其所在的命题体系的自洽。举例来说，泰勒斯认为世界的本原是水，而赫拉克利特则说是火，在他们各自的理论体系之内，各个命题能够互不抵牾，并形成一套理解世界的理论体系。最能体现融贯论的知识是数学知识，无论你采用十进制还是二进制，只要你保证了体系的融贯，就是真理体系。另外，即便没有经验事实的对应，也不妨碍数学真理的存在，比如作为“无理数”的无限不循环小数，能够在现实中找到具体的对应物吗？

然而，融贯论的自洽准则有其无法克服的缺陷，因为前提错误的理论体系也照样可以做到内在的融洽。比如，一个人突然头疼，你可以用现代科学的理论解释，也可以用巫术解释，认为是中邪所致。

最后是实用论。实用论同样是在西方认识论传统中发展而来的，不能将“有用即真理”做庸俗化的理解。在实证主义看来，一个不能被经验证伪的命题，常常就是无意义的命题。一个高僧死了，依照佛教的说法是往生了，“往生”的说法就无法用经验来证实。实用主义认为，一个命题如果在现实中具有可操作性，能够达成预期的效果，那它就是真理。比如，“香蕉很软”，这句话就说得不明不白，因为软硬是相对的，“软”要以可度量、可操作的形式表达出来，才会成为有意义的命题。比如，“如果在 1 平方厘米的香蕉表面施加 N 帕斯卡的压力的话，会导致一个 3 毫米深的凹陷。”换成这句话，就有了“实证”的价值，也有了可操作的意义，因此，就是“实用”的。不要气愤地斥责这种哲学愚蠢，如果你考虑到日常语言在表述哲学问题的时候，经常显得不严格和不严密，你就能理解那些哲学家的良苦用心了。

但实用主义有其自身的重大缺陷。第一，它把形而上学问题从哲学中剔除出去，结果就削弱了哲学对现实的批判功能，使哲学成为一种解决现实问题的理性工具。其次，实用主义原则下仅仅具有偶然性的真理不能满足人们关于人生和世界的终极关怀，在一个缺乏确定性的世界里，人们也不能获得安全感。

下面我们就一些重要哲学家的认识论为例，来分析他们对于真理的看法。

## 69. 洛克的白板说

与笛卡尔将“上帝”视为人心中的“天赋观念”相反，洛克（John Locke，1632—1704）拒绝承认人心中有任何天赋的观念，他宁愿将人的心灵看作是一块白板。他说：“一切观念都是由感觉或反省来的——我们可以假定人心如白纸似的，没有一切标记，没有一切观念。”[1]首先，那些理智正常的人一听就会同意的自明之理，并非就是天赋观念，比如“方非圆”“白非黑”“一件事物不能同时既存在又不存在”。这些观念同样是在人成长和接受教育的过程中形成的，是以经验为基础的。其次，

[1]（英）洛克：《人类理解论》，关文运译，北京：商务印书馆，1959年，第68页。

普遍接受的道德观念也算不上是天赋观念，因为众多的道德原则虽然被大家普遍认可，但同时又普遍地被人类破坏。如果他们有清晰的天赋的道德观念，则他们不会干犯实践规则；既然他们在破坏规则，则说明他们并没有天赋观念。

我们必须澄清洛克心目中的“观念”的含义，他说：“我在这入门之初，还得请求读者原谅我屡屡应用‘观念’（idea）一词（下边他就会看到）。这个名词，我想最足以代表一个人在思想时理解中所有的任何物象；因此我就用它来表示幻象（phantasm）、意念（notion）、影像（species）或心所能想到的任何东西。”[1]观念的来源有两种渠道：感觉和反省。洛克区分了简单观念、复杂观念和抽象观念。他所谓的简单观念是指在心灵中没有组合，只包含单一的表象而无法继续细分的观念，比如“红”。如果说简单观念来源于感觉和反省，那么复杂观念则来源于心灵的构造，比如“黄金”观念。至于抽象观念，洛克是用来反对柏拉图主义而提出的，抽象观念是不确定的一般观念，比如“三角形”，我们可以理解，但并没有确定它是直角三角形还是等腰三角形等。洛克认为，抽象观念是通过在不同个体间对比，剥除差别后归纳出来的共同特性。

接着，洛克谈到了“第一性质”（primary qualities）与“第二性质”（secondary qualities）。不论在什么样的情况下，第一性质均不能与物体完全分离，我们的感官能够恒常地感到这些性质。对于第一性质而言，不论物体经历了多么大的变化，它永远保有这些性质。比如物体的广袤、运动、数目等等，被洛

[1]同上，第5页。

克视为第一性质。第二性质并不是物体本身所具有的东西，而是接着第一性质在人心中产生各种感觉的能力，比如颜色、声音、滋味等。

说实话，洛克的第二性质相当暧昧，比如颜色，我们到底应该说物体有颜色，还是说颜色根本不属于物体呢？若说物体有颜色，物体中又没有与颜色观念相似的固定属性；若说物体没有颜色，它却有能力激发出我们的颜色观念。仔细玩味洛克的意思，第一性质是物体的固有属性（intrinsic quality），而第二性质则是在第一性质基础上衍生出来的派生属性（derived quality）。第二性质可以因为第一性质的形态的变化，而同物体本身发生分离。比如，水在蒸气状态下是白色的，凝为水滴，白色就消失了。

在洛克的思想体系中，世界被分割为两个：一边是实体的世界，另一边是人的观念世界。一种性质（比如广延）不可能单独地处于散乱漂浮的状态，总需要有东西保有它们，这承载者和保有者便是实体，或者说是外在的客观事物。但洛克分明又将“实体”看作是一种假定。实体具有的刺激我们感官的能力，被称为“性质”；而我们获得的感性材料，则被称为“观念”。究其实，“性质”就是“观念”，实为一物，从外部看、从原因看，则是实体的“性质”；从内部看、从结果看，则是心灵的“观念”。

很明显，如果坚持知识的全部对象就是人的“观念”，那就等于把人囚禁在了主观世界的范围内，更严重一点，就会陷入唯我论之中。洛克当然察觉到了这个问题，他说：“显然，人心并不直接认识各种事物，它必然要以它对它们所有的观念为媒，才能知道它们。因此，我们知识所以为真，只是因为在我们观念和事物实相之间有一种契合。不过在这里，我们拿什么作为标准呢？人心既然除了自己观念以外再也不认知别的，那么它怎么能知道它们是和事物本身相符合的呢？”[1]因此，洛克心目中的“符合”真理，主要不是指“观念”与“实体”的“符合”。洛克明确表示，如果拿“观念”与“实体”相比照的话，即便不是全部，至少也是大部分的“实体”观念都是虚妄的。因为我们的认识，也就是我们认识到的事物的本质，只限于很小的范围，而实体内在组织所能流出的性质则是无穷的。简言之，用“观念”去探究“实体”的底细，犹如管窥蠡测、盲人摸象。你可以窥、测，也可以摸，只是不要以为自己由此得来的观念就是“实体”的全部真相。我们不得不说，洛克的知识论具有不可知论的倾向。如果要问：人们为什么要用心灵构造实体观念呢？洛克的答案与佛教对“法”的解释类似，就如同“法”有“轨生物解”的功能，构造出来的复杂“观念”方便理解和交流，可以促进知识的拓展和进步。

为了跳出不可知论，洛克坚持认为，有两种观念确实可以与事物相符合。第一种是简单观念，比如，你嗅出一种气味（比如“酸”），这气味并非是你构造出来的，它有直接的外在事物作为原因，所以，这观念就表现了事物的性质。只有在简单观念的层面，观念与事物之间才存在直接的契合，洛克认为这是“实在知识的基础”。第二种是除“实体”之外的复杂观念。洛克一直强调，单就观念自身而言，无所谓对错，对错只出现

[1] 同上，第555页。

在参照比较的心理过程中。洛克的思路是这样的：既然复杂观念是人心的构造，并没有以任何事物的存在为原型和模本，所以就没有承诺要与什么东西相符合；既然没有承诺要符合什么东西，也就没有要符合任何事物的义务，所以，也就无所谓对错。除非是你太当真了，或者是犯了培根所谓的“四假象说”中的错误，要给虚构的观念寻找对应的实在，那时候，你才会犯错。也就是说，无论你的观念如何荒诞不经，比如空想出人头马，但这并无对错可言。然而，如果你在内心中认为鞑靼人就是人头马，那就会出现错误。因此，洛克的真理观可以算作是“符合论”。

依照洛克的看法，只有简单观念拥有与自己相符合的实在，然而，只有简单观念是无法构建知识体系的。知识体系肯定要建立在复杂观念以及观念之间的联系之上，也就是建立在命题之上。洛克明确表示“真理是属于命题的”[1]。所以，在谈论真理的时候，洛克更多的是在说“命题”与“观念”的符合。“所谓虚妄就是：名称底联合异乎其所表示观念底联合——所谓真理就是文字底契合或相违，同观念底契合或相违相应，所谓虚妄就是文字底契合或相违和观念底契合和相违不相应。”[2]从文字的角度来谈论真理，而不管它们是否对应实在的存在，这只能是“口头的真理”。洛克的确区分了两种真理，即“口头的真理”和“实在的真理”。[3]只有简单观念才有实在与之对应，所

[1] 同上，第566页。

[2] 同上，第571页。

[3] 同上，第570页。

以，只有在简单观念的层次上，才有所谓的“实在的真理”。更多的时候人们所谈论的，当然只能是“口头的真理”了！

既然只能在文字的层面谈论真理，真理问题也就成了语言分析的问题。洛克接下来开始讨论什么是“无聊的命题”，什么是有教益的命题。这种区分极有可能影响了后来的英国哲学家休谟，而著名的“休谟之叉”的区分又直接启发了后来的德国哲学家康德（Immanuel Kant，1724—1804）。

## 70. 存在即被感知

我们在第 2 章阐述了西方哲学中的“实体”观念是如何产生的，实体被理解为只能够由精神把握的外在客体，它隐藏在具体事物的纷繁复杂的表象背后，并且作为载体支撑着事物的各种属性。这样的实体就是柏拉图的理念型相，柏拉图认为具体的事物是对理念型相的模仿，而人心中的概念则是对具体事物的模仿。具体的桌子（table）会腐朽损坏，但是，作为理念型相的桌子（tableness）却是永恒的。犬儒迪奥根尼就曾经当面讥讽柏拉图说，自己只能看到桌子，却看不到桌子的型相。依照柏拉图的理念说，世界就变成了三重：外在的理念世界、具体的物质世界、人心中的概念世界。当然，中世纪的唯名论者已经对柏拉图的理念说提出了反对意见，比如著名的“奥康的剃刀”，坚持“如无必要，勿增实体”。可以说，贝克莱（George Berkeley，1685—1753）“存在即被感知”的命题继承了唯名论的传统，他坚决反对实体观念，认为所有的实体观念不过是一个语言提示符号而已。

贝克莱是爱尔兰的大主教，他反对实体观念有其明确的宗教目的，他说："物质的实体从来就是无神论者的莫逆之友，这一点是无须论证的，他们所有的一切妖妄的系统，都分明地、必然地依靠于物质的实体。因此，我们如果把这块基石一移掉，则全部结构只有垮台了。因为这种缘故，所以我们就无需乎单独来考察无神论者的各个可鄙教派中的种种荒谬主张了。"[1]贝克莱反对实体观念的思路承袭了洛克的哲学，他将洛克思想中的含混和矛盾之处清除。首先，他对洛克的"抽象观念"提出质疑；其次，他对洛克第一性质和第二性质的区分提出质疑，由于将经验主义的原则贯彻得更为彻底，贝克莱得出了"存在即被感知"的结论。

洛克之所以提出"抽象观念"的说法，目的是为了避免陷入柏拉图式的世界观，即将共相视为实体。洛克认为"抽象观念"是不确定的概念，譬如"人"的观念，既非黑人亦非白人，既非男人亦非女人，但"人"可以用来指示任何具体的人。抽象的过程是通过剔除具体事物之间的差异并保留其共有属性来实现的，比如，"人"的概念是通过剔除掉黑白、男女、老少等具体差异，最后得出了共同的属性，即"有理性的"动物。我们通常理解的物质概念来自恩格斯的界定，他说："物、物质无非是各种物的总和，而这个概念就是从这一总和中抽象出来

[1]（英）乔治·贝克莱：《人类知识原理》，关文运译，北京：商务印书馆，2010年，第69—70页。

的。”而列宁对物质的界定则是：“物质是标志客观实在的哲学范畴。”这就是说，所有的物质具有一个共同的属性，即客观实在性。

贝克莱在其《人类知识原理》一书的绪论部分就对洛克的这种“抽象观念”大张挞伐。洛克认为，对于那些心灵没有经过训练的儿童，抽象观念是不易理解的。但贝克莱认为，“两个儿童并非先把无数的矛盾紧缚在一块儿，在心灵中构成了抽象的普遍观念并且把它们和普通所用的名称联合起来，然后才能喋喋不休地谈说自己的糖果、响鼓和其他玩物；这种程序远非我们所能想象的。”[1]我儿子小时候不能理解“火”的意义，非要玩打火机，终于有一次，手上烧了一个泡，从此就知道“火”意味着什么。可见，儿童形成抽象观念的过程，并没有运用剔除殊相、保留共相的抽象过程，更没有在电火、石火、炉火、萤火等事物中进行归纳总结。所谓的抽象观念，仅仅是一种语音标志符号，提示着我们该有什么样的心理反应和行动。贝克莱明确指出，表达思想并非语言的唯一主要目的，“它还可以引起人的情感，刺激起人的行动；还可以阻止人的行动；还可以使人心发生某种特殊的倾向。”[2]因此，以语言来表示的那些抽象观念，绝不是感觉的原因，只能是感觉的标志，是一种符号。就像左转弯的符号“↰”一样，无论这个符号是大是小、颜色如何，它绝不是通过剥除差异、保留共性的抽象过程得来的，它没有本质。

---

[1]同上，第13页。
[2]同上，第17页。

在贝克莱看来，不单数字是符号，所有的抽象观念都是符号。但是，在语言的使用过程中，由于抽象观念和本质属性的学说，哲学家陷入了重重的错误和争论的迷宫之中，搞出了很多乌烟瘴气的渊博空谈。我们错误地以为世界上有独立存在的“火”“三角形”“物质”，“人们如果知道这些都是错误，则他们便可以比较易于防范自己受文字的欺骗。一个人只要知道他自己所有的观念是特殊的，则他便不会徒劳无益来找寻、来设想任何名称所附的抽象观念。”[1]

接着，贝克莱批判洛克关于第一性质和第二性质的区分。洛克认为第一性质是事物固有的，但第二性质是凭借第一性质而派生出来的。物体的广延、数目、运动等属于第一性质，而颜色、声音、气味、热凉等属于第二性质。颜色、气味、声音、温度等不能脱离人的感知而独立存在，这很容易理解。热能够产生疼的感觉，疼和热能够存在于心灵之外吗？当然不能！有不被心灵感知的疼吗？当然没有！热凉温度是不能脱离心灵而存在的观念，颜色、气味等一切属性也是如此。但贝克莱认为，物体的第一性质，比如广延和运动，同样也不能脱离人的感知而存在，它们都是存在于心中的一些观念。广延所在之处，也就是颜色所在之处，脱离了第二性质，第一性质就荒谬不可理解。因此，一切观念都来源于经验，都只能存在于经验着的人的心灵之中，完全不可能存在不被感知的观念。换言之，观念不可能存在于不思想的实体之中。我们吃穿住行的一切，都是感官的直接对象，它们不能在心外存在，也不能不被感知就存

[1]同上，第20页。

在，称它们为“事物”，不如称它们为“观念”。贝克莱说，用“事物”称谓我们经验到的对象，就容易造成它们存在于心灵之外的误会；而用“观念”就能够避免这种错误倾向。有人反驳贝克莱，说如果“存在即被感知”，那么，当我闭上眼睛的时候，日月星辰都消失了吗？而睁开眼睛的时候，它们就再次出现了吗？贝克莱回答，这样的问题毫无意义，因为问这样问题的人根本没有思考“事物”是什么，他们在滥用概念。日常语言中所谓的日月星辰之类的“事物”，不过是人的观念，它只能存在于有思想能力的精神之中。

那么，人们吃穿住行的对象，比如杯中的酒，难道都是自己的观念吗？贝克莱说，“在座的人如果都看到、嗅到、尝到并且喝到所谓酒，感到酒的效力，则我并不怀疑酒的实在性。”[1]但贝克莱拒绝承认不被任何心灵感知的作为实体的“酒”的存在，拒绝承认人们所感知到的各种属性背后还有一个作为支撑者的实体，因为不被任何人所感知到的客观存在的“物质”概念是自相矛盾的。观念不能脱离心灵而存在，当它们不存在于具体的人的心灵之中的时候，它们就只能存在于上帝的心灵之中。因此，贝克莱是认识论上的主观唯心主义者，从本体论的意义上说，他是客观唯心主义者，即认为世界是由上帝的观念维系的。

[1]同上，第64页。

# 71. 有纹的大理石

笛卡尔和洛克分别开创了西方哲学的理性主义和经验主义的传统，两人就成了后来哲学家的批判对象。笛卡尔认为上帝就是人的“天赋观念”，而洛克则认为人心是一块白板，不具备任何天赋观念，因为一切的知识都是以经验为基础的。德国哲学家莱布尼茨（Gottfried Wilhelm Leibniz，1646—1716）承认天赋观念的存在，但并不认为天赋观念是现成的，而是潜在的。事实上，莱布尼茨接受了柏拉图的灵魂回忆说，认为学习其实就是通过经验来唤醒心中的潜在观念的过程。他指出了洛克的自相矛盾之处，即观念的来源有经验和反省两种途径。既然可以通过向内心发掘来获得观念，那么，人心就不可能是一块白板。

基于此，莱布尼茨认为人心就像一块“有纹的大理石”，他说：“如果心灵像这种空白板那样，那么真理之在我们心中，情形也就像赫尔库勒（Hercule，即“大力神”赫拉克勒斯）的象之在这样一块大理石里一样，这块大理石本来是刻上这个象或别的象都完全无所谓的。但是如果在这块石头上本来有些纹路，表明刻赫尔库勒的象比刻别的象更好，这块石头就会更加被决定‘用来刻这个象’，而赫尔库勒的象就可以说是以某种方式天赋地在这块石头里了，虽然也必须要加工使这些纹路显出来，和加以琢磨，使它清晰，把那些妨碍其显现的东西去掉。也就是像这样，观念和真理就作为倾向、禀赋、习性或自然的潜能天赋在我们心中，而不是作为现实天赋在我们心中的，虽然这种潜能也永远伴随着与它相应的、常常感觉不到的某种现实。”[1]

笛卡尔认为，就像物体可以不运动一样，人的心灵也可以没有思想。但莱布尼茨反驳说，物质从来没有绝对静止，心灵也从来不会绝对成为白板一块。那么，我们为什么不能感知到自己的天赋观念呢？莱布尼茨说，灵魂本身之中包含有无数极其细微的知觉，就像大海的浪涛之声，是由每一个极细微的小波浪的声响构成的，如果除去了这些细微的波浪声，最终我们会什么也听不到。“即令是世界上最大的声音，如果我们不是先对它开始的小的声音有所知觉，也不会把我们弄醒，就好比世界上最大的力也不能把一根绳子拉断，如果它不是被一些小的力先拉开一点的话，尽管这些小的力所拉开的程度是显不出来的。”[2]

问题是，莱布尼茨为什么要维护天赋观念的理论呢？首先，莱布尼茨认为经验概括不能使知识具有真理的必然性。“感觉对于我们的一切现实认识虽然是必要的，但是不足以向我们提供全部知识，因为感觉只能给我们提供一些例子，也就是特殊的或个别的真理。然而印证一个一般真理的全部例子，不管数目怎样多，也不足以建立这个真理的普遍必然性，因为不能得出结论说，过去发生过的事情，将来也永远会同样发生。”[3]其次，

[1]（德）莱布尼茨：《人类理智新论》，陈修斋译，北京：商务印书馆，1982年，第6—7页。

[2]同上，第10页。

[3]同上，第3—4页。

莱布尼茨认为人类与禽兽的区别就在于从理性出发，还是从经验出发。他说："禽兽纯粹凭经验，只是靠例子来指导自己，因为就我们所能判断的来说，禽兽决达不到提出必然命题的地步，而人类则能有经证明的科学知识……因为只有理性才能建立可靠的规律，并指出它的例外，以补不可靠的规律之不足，最后更在必然后果的力量中找出确定的联系。这样做常常使我们无需乎实际经验到影像之间的感性联系，就能对事件的发生有所预见，而禽兽则只归结到这种影像的感性联系。因此，证明有必然真理的内在原则的东西，也就是区别人和禽兽的东西。"[1]

## 72. 休谟之叉

休谟对命题的二分受到了洛克对"无聊的命题"的论述的启发。洛克所说的"无聊的命题"就是康德所谓的"分析命题"，这类命题的谓词已经蕴含在主词之中，基本上就是同义反复，并不会给我们增加任何新的知识，因此被洛克视为"无聊"。除了给不理解一个词汇的意义的人进行讲解时需要这种命题，在其他的情况下，此类命题形同文字游戏。"这就仿佛一个猴子把牡蛎在自己手倒换，而且用语言说（假如他有的话），'右手的牡蛎是主词，左手的牡蛎是谓词'，并且由此对于牡蛎形成了一个命题说，'牡蛎就是牡蛎'似的。不过他并不因此稍为聪明了

[1]同上，第5—6页。

一点，而且这样做法既不能充猴之饥饿，亦不能满足人底理解，既不能使猴子底体躯长大，亦不能使人底知识增加。”[1]比如，“一切人都是动物”就属于此类命题。相反，有教益的命题则是实在的真理，而不是口头的真理。洛克举例说，“三角形底外角大于其不相依的任何一个内角”就有助于人类认识的增益。“在这个命题中，外角和其不相依的内角间之关系，既然不是三角形一名所表示的这个复杂观念底一部分，因此，这个命题就是一个实在的真理，而且能给人以实在的，能启发人的知识。”[2]

如果“无聊的命题”被视为分析命题，有教益的命题则属于综合命题，前者通常具有先验的必然性，而后者则建立在经验的基础之上。基于此，休谟提出了哲学史上著名的“休谟之叉”(Hume's fork）的理论。

休谟说：“人类理性（或研究）的一切对象可以自然分为两种，就是观念的关系（Relations of Ideas）和实际的事情（Matters of Fact)。属于第一类的，有几何、代数、三角诸科学；总而言之，任何断言，凡有直觉的确定性或解证的确定性的，都属于前一种。”[3]一个命题如果陈述了观念的关系，那它就是分析命题，具有必然性。这类命题，我们只凭思想的作用，就能够发现它们，其正面为真，则其反面不成立。而与实际的事情相关的命题，阐述的则是具有偶然性的真理，其反面的命

[1]（英）洛克：《人类理解论》，关文运译，北京：商务印书馆，1959年，第604—605页。

[2]同上，第610页。

[3]（英）休谟：《人类理解研究》，关文运译，北京：商务印书馆，1957年，第26页。

题并不与正面命题相矛盾。比如，“太阳明天不出来”和“太阳明天要出来”一样，都是可以理解的。休谟认为，如果一个命题既非解证性的观念关系的命题，也不是经验中的实际事情的命题，那么，这个命题就没有意义。

休谟要用这个“叉子”来质疑因果律。常识的理解认为，如果 B 作为结果存在，则必定有一个原因 A 存在，是 A 导致了 B，因此，A 与 B 之间存在必然的因果联系。但休谟认为因果律并不具有先天的必然性。首先，“A 导致 B”并不是一个观念关系的命题，因为假设 A 之外的其他原因导致 B，同样可以理解。如第 63 节所述，电梯门开的原因，可能并不是那句“芝麻开门”的命令。其次，“A 导致 B”也不是一个关于实际事情的命题。我们无法从经验中把握到所有的事件 A，尤其是未来的 A，因此，我们的归纳总结是不完全的，“A 导致 B”这样的命题也不具备充分的经验基础。

## 73. 先天综合判断

洛克、贝克莱属于经验主义者，而笛卡尔、莱布尼茨则属于理性主义者，两者之间存在着直接的矛盾。在方法论上，理性主义者强调内在心灵的重要性，注重从分析判断出发构建知识；而经验主义者则强调外在经验的重要性，注重从综合判断出发构建知识。理性主义者的一个难题是如何协调处理身心关系。而经验主义贯彻到极致，比如到了休谟那里，则无法为知识的普遍必然性提供证据。康德提出“先天综合判断”(synthetic a priori)的目的，从知识论的角度讲，就是为了调和这两种具有不同倾向的哲学。

康德在前人的探索基础之上提出了分析判断与综合判断，认为分析判断的谓词蕴含在主词之中，是说明性的判断，先天为真，且具有普遍性；而综合判断的谓词虽然与主词连接，但却处于主词概念之外，因此是扩展性的判断，后天为真，具有偶然性。洛克的“无聊的命题”可算是康德心目中的分析判断，而休谟的事实命题，则是综合判断。在休谟那里，先天分析判断与后天综合判断截然区分，这就必然会导致怀疑主义，因为，人类拥有的要么是先天的分析命题，要么是后天的事实命题。“休谟之叉”破坏了因果律，导致一切以经验为基础的知识缺乏普遍的必然性。

康德的知识论的任务就是为人类科学寻找必然性的基础，更具体地说，即是否存在一种判断，既具有分析判断的先天必然性，同时又具有综合判断的特点，可以扩展人类的知识。康德认为，满足这一条件的判断就是“先天综合判断”。首先，所有的数学命题都属于先天综合判断。比如，7+5=12，这是一个分析命题，因为与其相左的命题是错误的、无法理解的。另一方面，这又是一个综合判断，我们无论如何不可能从 7 和 5 中分析出 12 来。我们可以伸手指头或者点小圆点，最后只能通过直观得出 12 这一概念。

除了数学、几何学的知识有先天综合判断作为基础，康德同时认为，自然科学和形而上学中同样存在先天综合判断。对于自然科学领域，康德说：“我只想举出两个定理作为例子，一个定理是：在物质世界的一切变化中，物质的量保持不变；另一个定理是：在运动的一切传递中，作用和反作用必然永远相等。显然，在这两个命题中，不仅仅存在着必然性，因而其起源是先天的，而且它们也是综合命题。因为在物质概念中我并没有想到持久不变，而只是想到物质通过对空间的充满而在空间中在场。”[1]

## 74. 先验图式

如果心灵是一块白板，人们获得的感性资料就会一片混乱、盲目无序；如果心灵是有纹的大理石，那么，这些具体的纹理可以确定吗？康德列出了 12 个纯粹的知性概念，又被称为 12 范畴，与逻辑判断的 12 种形态对应。这就是康德在哲学上所谓的哥白尼式的革命。

以前人们认为太阳绕着地球转，哥白尼之后，人们明白地球围着太阳转，这是一种彻底的逆转。在洛克那里，人心犹如白板，外在事物刺激人的感官，在人心上留下了印记，从而产生了认识。外物就如同是印章，在人心上烙下了观念。在康德这里，人心成了印章，它烙在了外物之上，就产生了知识。用任何比方都有不恰当之处，因为印章能够直接接触外在事物，

[1]（德）康德：《纯粹理性批判》，邓晓芒译，北京：人民出版社，2004 年，第 14 页。

而康德认为，我们认识到的只是被人类自身加工过的现象，而不是外在事物本身。这个永远处在人类经验之外的事物自身，就是康德所说的“物自体”，或者“自在之物”。

没有内容的思想是空洞的，而没有概念的直觉则是盲目的，两者必须结合，才能够形成知识。这个结合的基础便是先验图式。“在康德看来，纯粹观念和感官知觉对象是完全不同的，或者说是异质的；那么，它们如何结合在一起呢？必定存在着第三种事物，一个在纯粹概念和感官知觉之间起到调停作用的实体，某种纯粹的事物，也就是说，没有任何经验成分，但同时又是感性的。康德称这样一种东西为先验图式。”[1]康德明确指出，图式是想象的产物。

先验图式是建立在人的时间意识之上的。就如同空间是外感官的先天形式，而时间则是内感官的先天形式。时间不能在外部被直观到，而空间不能被直观为我们内部的东西。我们可以想象没有具体事物的空间，却无法想象没有空间的事物；同样，我们可以想象没有具体现象发生的时间，却无法想象没有时间的任何现象，所以，时间也是直觉的先天形式。“一种先验的时间规定就它是普遍的并建立在某种先天规则之上而言，是与范畴（它构成了这个先验时间规定的统一性）同质的。但另一方面，就一切经验性的杂多表象中都包含有时间而言，先验时间规定又是与现象同质的。”[2]这就保证了“先验图式”能够成

[1]（美）梯利：《西方哲学史》，贾辰阳、解本远译，长春：吉林出版集团，2014年，第395页。

[2]（德）康德：《纯粹理性批判》，邓晓芒译，北京：人民出版社，2004年，第139页。

为纯粹的知性概念和知觉对象之间的桥梁。这种桥梁是如何进行沟通的呢？康德认为是通过想象力，“想象力的这种综合也就先于一切经验而被建立在先天原则之上了，而我们必须设定想象力的某种纯粹的先验综合，它本身构成一切经验的可能性的基础。”[1]

在我们的时间意识之中，“图式无非是按照规则的先天时间规定而已，这些规则是按照范畴的秩序而与一切可能对象上的时间序列、时间内容、时间秩序及最后的时间总和发生关系的。”[2]量的范畴是在时间序列图式中表达的，一刻时间表达的是单一性，多刻时间表达的是特殊性，全部时间表达的是普遍性。理智也想象时间中发生的现象，而质的范畴就是通过时间内容来表达的。肯定性表明某种时间中的存在，否定性表明某种时间中的非存在。限定性则表明了量的变化，表现的是从有到无，或者从无到有的过程。“理智将时间中的实在、内容看作是当其他一切都改变之时依然不变的事物。这就是它想象实体范畴的方式。它将实体看成是另外一些事物以其为基础并在时间中恒定发生的事物：这就是因果范畴为人所知觉的方式。或者它认为此一实体的属性和另一实体的属性在时间中恒定地同时出现：这就是构想相互作用范畴的方式。关于实体、因果和相互作用的范畴都表达在时间秩序（永恒、相续和同时）的图式之中。或者，它想象某物存在于任何时刻（可能性范畴），存在于确定的时刻（实然性），存在于所有时刻（必然性）。可能、实

[1]同上，第116页。

[2]同上，第143页。

然和必然的范畴表达在时间理解的图式之中。”[1]

如此一来，量的范畴、质的范畴、关系的范畴和模态的范畴，便通过四种时间的想象方式（时间序列、时间内容、时间秩序、时间理解）同知觉对象关联起来。范畴的先天性质保证了判断的普遍性有效性，而知觉的经验材料又可以增加知识的内容，从而将经验主义和理性主义结合起来。

## 75. 理性是意志的奴仆

在洛克那里，只有简单观念直接反映了实体的属性，虽然形同盲人摸象，但摸到的耳朵和鼻子毕竟是象的一部分，真实地反映了实体的一个方面。但在康德那里，我们知觉到的一切都是被人类的先验图式加工整理过的材料，也就是说，人类是在戴着绝缘手套和有色眼镜进行“摸象”的工作，认识到的一切事物都是现象，本体界的那个“自在之物”却永远处于人类知识的彼岸。

然而，叔本华认为，康德最大的贡献就是分清了现象与物自体之间的区别，但康德的失败之处却在于没有认识到这个所谓的自在之物就是意志。就像我们熟悉的唯物主义哲学认为，世界的本原是物质。但是，当你敲敲面前的桌子，并说“这就是物质”的时候，课本上会告诉你说，这只是物质的具体形态，

[1]（美）梯利：《西方哲学史》，贾辰阳、解本远译，长春：吉林出版集团，2014 年，第 395 页。

而不是哲学意义上抽象的“物质范畴”。同理，当你敲敲桌子说“这就是意志”的时候，叔本华会告诉你说：这是具体化、客体化的意志，是以表象形式呈现出来的意志。“牙齿、食道、肠的输送就是客体化了的饥饿；生殖器就是客体化了的性欲；至于攫取物的手和跑得快的腿所契合的已经是意志的比较间接的要求了，手和脚就是这些要求的表出。”[1]叔本华认为，意志不仅表现在人类之中，动物、植物，乃至无机物都有等级高低不同的意志表现，比如，一般物体的引力、植物向阳生长等。

意志盲目追求自身的满足，不知道遵循规则，“遵守规则的意志”这种说法，在叔本华看来，就如同说“木的铁”一样不可理喻。动物的爪牙是为了满足欲望而出现的，人的理智同样是为了满足欲望。理智擅长于推理计算，但它本身是软弱无力的，不足以促成行动。叔本华讽刺那种认为人具有理性抉择能力的自由意志思想，并挪用“布里丹的驴子”的寓言说，如果在同等距离的两个地方放着具有同等香味的食物，一个人纵然自由，也会因吃不上食物而活活饿死。[2]明眼但瘸腿的理智与盲目的意志结合，由意志来驮着理智，前者提供欲望驱动，后者则提供实现欲望的手段。因此，叔本华认为，意志是主人，而理性只不过是意志的奴仆而已。

[1]（德）叔本华：《作为意志和表象的世界》，石冲白译，北京：商务印书馆，1982年，第163页。

[2]（德）叔本华：《自然界中的意志》，北京：商务印书馆，1997年，第89页。

# 76. 谬见即真理

同叔本华一样，尼采认为理性知识不过是为了保护人的生存的工具，“究竟什么是人的真理——不可驳倒的谬误便是。”[1] 比如“叶子”这样一个概念，本来世间没有任何两片树叶是完全等同的，但是，人们一定要忽略掉对树叶的具体感知之间的差异，认为在具有各种特性的树叶之外还有一个概念性的“叶子”，甚至认为这个“叶子”(如柏拉图所谓的理念型相) 是所有树叶的原型。“那么什么是真理？一群活动的隐喻、转喻和拟人法，也就是一大堆已经被诗意地和修辞地强化、转移和修饰的人类关系，它们在长时间使用后，对一个民族来说俨然已经成为固定的、信条化的和有约束力的。真理是我们已经忘掉其为幻想的幻想，是用旧了的耗尽了感觉力量的隐喻，是磨光了压花现在不再被当作硬币而只被当作金属的硬币。”[2]

关于逻辑的起源，尼采也持有同样的见解：“人头脑中的逻辑源于何处？肯定是起源于非逻辑，因为逻辑之外的领域原本就更为广阔。然而，由于所秉持的推理方式与我们今天大不

[1] (德) 尼采：《快乐的知识》，黄明嘉译，北京：中央编译出版社，2001 年，第 182 页。

[2] (德) 尼采：《哲学与真理——尼采 1872—1876 年笔记选》，田立年译，上海：上海社会科学出版社，1993 年，第 106 页。

相同，有很多的生命就此灭亡了；如果他们得以存活至今的话，应该会比我们更加接近真理！比如，无论是就食物还是天敌而言，如果一个人总是不知道如何发现‘同一性’——也就是说，他归纳类总的速度太慢，或是过于审慎——那么，与能够在所有相似性中即刻分辨出同一性的人相比，他的生存机率就大为降低。然而，正是这种视‘相似’为‘同一’的主导倾向——一种非逻辑的倾向，因为世间没有任何‘同一’的事物——首先为逻辑提供了全部的基础。同理，为了形成实体的概念（这一概念与逻辑密不可分，虽然从严格意义上说，没有任何实在可以与之对应），对于事物中所发生的一切变化，就必须长期地视而不见、知而不觉；与那些视万物皆处于‘流变之中’的人们相比，不去精准地看待事物的人们，反而占得了先机。如此一来，每一步审慎的推理，每一丝怀疑的倾向，都对生命构成了威胁。若非相反的倾向——去断言而非悬置判断，去犯错和构造事物而非等待，去赞同而非否定，去给出判断而非保持公允——得到滋养并变得异常强大，没有任何鲜活的生命能够保存下来。我们头脑中现今存在的那些逻辑推理和思想过程，对应的是各种冲动的相互斗争及其过程，若是单独检视这些冲动，它们无一是逻辑的、公允的；通常我们只经验到它们相互斗争的结果：这种古老的机制就是这样在我们身上发挥作用的，快捷而又隐秘。”[1]

尼采著作中提到了很多真理名义下的谬见，“谬见的目录包括：存在着同一的或同等的事物；在时间中，事物是自我同

[1]（德）尼采：《快乐的科学》，北京：中央编译出版社，2012年，第178—179页。

一的，存在着恒久的事物；存在着一个自我；存在着自由意志；存在着原因和结果；存在着抽象的数学对象诸如点、线、面或者理论上的科学对象诸如微粒、时间单位、空间单位；存在着自然规律；什么对我是好的，其自身也是好的；人类优越于动物和自然；人类道德体系是永恒的，存在着一个绝对的对与错；在这个世界以外存在着另一个世界。"[1]

## 77. 存在的出口

自从康德区分了知觉对象与自在之物，哲学家总是想揭开这个物自体的神秘面纱。叔本华径直称自在之物为"生命意志"，而海德格尔则采用了另外一条思路。他认为传统的哲学没有能够认清楚"存在"与"存在者"的差异，总是试图从"存在者"(具体的物质形态) 身上拷打出"存在"的意义，在方法论上是错误的。继续用盲人摸象这个比方，象鼻子和象耳朵摸得越发真切，距离真正的象就差距越大。因此，通过"存在者"来反思"存在"，就是以"去蔽"的手段再次进行了"遮蔽"。《荀子·解蔽》中谈到一个畏影恶迹的人叫涓蜀梁，夜间行路，俯首见身影、仰望见头发，以为是鬼魅，吓得狂奔至家中，气绝身亡。其实，他放弃奔走，选择静止，反而解决了问题。

[1](美) 埃里克·斯坦哈特:《尼采》，朱晖译，北京：中华书局，2003 年，第 46—47 页。

在整个宇宙的演化过程中，人类是顶点，因为人是世界的一面镜子，虽然其自身也是世界的一个部分，却能够映照出整个世界。在植物眼中，整个世界就是一株植物；在人的眼中，世界却变得丰富起来。一株植物不会追问存在的意义，唯有人类对此穷追不舍，所以，要寻找存在的意义，就应该从人自身入手，而不是从石块、植物等“存在者”入手。现象学就是“显”象学，存在主义（existentialism）的重心在于人的存在，因为人是“存在的出口”，存在通过“人”这个出口涌现。存在（exist）的拉丁语前缀 ex 就是“出去”“出口”的意思，因此，海德格尔（Martin Heidegger,1889—1976）称这个出口为“此在”(Dasein)，或译“缘在”。

现象学的口号是“回到事物自身”，而传统的主客对立的思辨方法无法完成这项使命。据说当柏拉图指出“人是两足无毛的动物”时，犬儒迪奥根尼拿出了一只拔光毛的鸡来讽刺柏拉图，逼得柏拉图只好补上一条限定，即“宽指甲”。这种寻找本质定义的基础主义哲学在存在主义中是没有地盘的。追寻本质的哲学天生具有批判和反思的特质，思想者需要将自身从生活世界中抽离出来，将世界（也包括自身）作为自己的对象来观照。抽身需要一个前提，那就是已经身处其中。比如随手拿来一个锤子使用，这锤子就是一个“上手之物”；当锤子用起来不方便的时候，人们才反过来审视和打量它，开始观察和反思它。“对锤子这物越少瞠目凝视，用它用得越起劲，对它的关系也就变得越原始，它也就越发昭然若揭地作为它所是的东西来照面，作为用具来照面……仅仅对物的具有这种那种属性的‘外观’做一番‘观察’，无论这种‘观察’多么敏锐，都不能揭示上手的东西。”[1]人们在反思锤子之前，锤子以是其所是的样貌呈现，同样，人们在反思自我之前，自我已经在进行着更加原始的思考。海德格尔想说明的是，人并非是传统哲学中那个抽身在宇宙之外的非历史性的观察者，他在反思自身之前已经处于世界之中，海德格尔这样定义人的“缘在”，即“在已经在世的存在中先行于自身”（being-ahead-of-itself-in-already-being-in-a-world）。[2]

如果说主客对立、抽象反思的思辨并不是本原性质的思考，也不能把握本原的存在（比如笛卡尔，将广延作为物质的本质属性）；那么，现象学提倡的则是前反思的意识。萨特指出，“反思一点也不比被反思的意识更优越：并非反思向自己揭示出被反思的意识。恰好相反，正是非反思的意识使反思成为可能：有一个反思前的我思作为笛卡尔我思的条件。”[3]比如，对对象的位置性意识便是以对自身的非位置性意识为前提，你在注视讲课的老师时，你就忘记了自身。然而，当老师提问你站起来回答问题时，你就被迫意识到自身的存在，并且会感到害羞和窘迫。

如何回到事物自身？如何进入前反思的状态？追求确定性的反思必然导致清晰性，而前反思的状态的特征则是模糊性。尼采说：“心理学家的主要错误：他们认为，与清晰观念相比，

[1]（德）海德格尔：《存在与时间》，陈嘉映、王庆节译，北京：三联书店，1999年，第81—82页。

[2]同上，第222页。

[3]（法）萨特：《存在与虚无》，陈宣良等译，合肥：安徽文艺出版社，1998年，第11页。

模糊观念是较低级的一类观念。但是，只有离开我们的意识从而变得晦暗的东西，才可能自在地是完全清晰的。变得晦暗乃是意识透视的事情。”[1]如果说，反思获得清晰性，前反思则是晦暗的；反思以前反思为底蕴，就如同清晰以晦暗为基础。梅洛－庞蒂（Maurice Merleau-Ponty，1908—1961）在提到清晰性的时候，在前边加上了“该死的”一词。[2]梅洛－庞蒂极为重视身体的知觉，为了回到前反思的状态，他将身体当作了“存在的出口”。有一个梅洛－庞蒂几乎在每一本书中都要用到的例子：当我的一只手触摸另一只手的时候，运动的手可被当成主体，另一只手可被当成客体。但是，这里存在一个循环，当被触摸的手感知到触摸它的手的触摸时，它就又由客体转换为主体。主体和客体之间的转换不是像放映幻灯片那样断断续续的替代，而是一个明暗融合交替的过程。我的身体本身、我本身就是一个拥有可逆性（reversability）的存在。所以在触摸与被触摸，注视与被注视，乃至触摸与注视之间，都存在着可逆的关系。

这种可逆性的转换发生的基础是人的“肉”，“‘肉’不是物质，不是心灵，也不是实体。要指称它，就得采用一个老术语‘元素’，并且是在我们说‘水’‘气’‘土’‘火’的意义上，也就是说，在作为普遍物的意义上使用。它是观念和时空个体的中介，是一种肉身化的原则，把任何一个存在碎片带入到存在

[1]（德）尼采：《偶像的黄昏》，周国平译，北京：光明日报出版社，2001年，第142页。

[2]（法）梅洛－庞蒂：《符号》，姜志辉译，北京：商务印书馆，2003年，第29页。

的方式之中。肉在这个意义上是存在的‘元素’。”[1]我们的身体和身体所感知的世界都是由“肉”组成的，并且身体的肉被世界分享，世界的肉也被身体分享。不仅如此，“世界还要入侵身体，反思身体”，[2]就像身体入侵世界并反思世界一样。“世界之肉”的概念当然是一个隐喻。可以说，从肉体的知觉出发，梅洛－庞蒂为现象学开出了一条可行的新路，成功超越了主客对立的思维方式。

## 78. 柏拉图的药铺

苏格拉底、释迦牟尼和孔子，都拒绝文字书写。依照德里达的看法，他们都对文字有着深深的不信任，他们意识到一切用来彰显意义的文字，同时也是遮蔽真意的障碍。中国的先贤也有同样的洞见，比如《韩非子・外储说左上》中就讲过一个可笑的故事。楚王对田鸠说，墨家也算是当世显学，墨家弟子身体力行尚可，但《墨子》一书的文字读起来却不够巧妙动听。田鸠回答说，秦伯嫁女的事情你可听说过？秦伯要把女儿嫁给晋国公子，但他依照礼法，把陪嫁的媵妾打扮得花枝招展，女儿打扮得很朴实。结果，晋国人爱媵妾远胜过秦伯之女。接着

[1]（法）梅洛-庞蒂：《可见的与不可见的》（英文版），伊凡斯顿：西北大学出版社，1968年，第139页。

[2]同上，第248页。

田鸠又讲了一个买椟还珠的故事，都是为了说明，文饰过盛，会以文害义。而墨子有先见之明，为了防止后人玩诵文辞而丢弃思想内涵，有意使文字变得朴实无华。

语言文字是一种符号。首先，符号是使用起来十分方便的工具，但是，谁接受它的服务，谁就被它控制和束缚，乃至被它败坏。卢梭说："一个孩子是宁愿把一百个金币而不愿把一块点心给人的。"[1]这既不是贪婪，也不是任性。在卢梭看来，这是因为孩子没有彻底被社会化，没有学会使用起到替代作用的符号。比如，金钱、权力、地位等，自身并没有多少价值，然而，一旦人们把这些符号当作目的来追求，人性就开始堕落了。蒙田在《论我们之间的差别》一文中说：世间万物都以其自身的价值来评价，唯独我们人除外。称赞一匹马，是因为它的矫健，而不是因为马具；夸赞一条猎犬，是因为它跑得快，而不是因为项圈；赞美一只鸟，是因为它的翅膀，而不是因为脚铃。但人却是以宅邸、名气、年金等来评判的，但这些全是身外之物，不是身内的品质。[2]

其次，符号起到代现（representation）的作用，它代表谁，谁就被遮蔽，被否定，被推延到背后而无法直接呈现。德里达在《柏拉图的药铺》一文中提到了《斐德罗》篇中的一个故事。当埃及古神给埃及国王献上自己的发明，即文字，并说明文字能够医治健忘时，国王反驳说，发明和评价是两种不同

[1]（法）卢梭：《爱弥儿》，李平沤译，北京：商务印书馆，1978年，第113页。

[2]（法）蒙田：《蒙田随笔全集》第1卷，马振骋译，上海：上海书店出版社，2009年，第237页。

的能力。因为发明者偏爱自己的发明，所以只看到了益处，而事实上，人们使用工具就会依赖工具；文字不是医治遗忘的良药，反倒是致人健忘的毒药；人们学会了阅读，思维的能力就受到损害；人们心中塞满了知识，却没有真正的智慧，因为知识是智慧的赝品。尼采在《真理与谎言之非道德论》一文中有类似的看法，感觉（sense）转化为知觉（perception），知觉转化为概念（conception），概念转化为声音（sound），声音又转化为文字（words）。文字是已经发生了多次转化的东西，怎么可能会传达出原汁原味的意义呢？真理怎么可能存在呢？

当然，西方哲学一直在努力克服作为媒介的代现符号的干扰，尤其是现象学，试图兑现无须媒介的真理，超越语言、声音、文字等中介而让存在的真相直接呈现。现象学试图在前反思状态把握存在的当下在场，但是，德里达认为这是不可能实现的。起源时刻的在场是一种幻象，当人们去把握存在当下的真理时，它总是会被媒介替补和延迟，“经由这一连串的替补，就出现了一种必然性：无穷链条的必然性，它将不可避免地叠加替补媒介，而这些替补媒介又创造了它们所要延缓的事物本身的意义：事物本身的幻象、当下在场的幻象或起源知觉的幻象……所有的事物都经由媒介而起源，这（对于理性来说）实际上是不可想象的。”[1]

---

[1]（英）罗伊·博伊恩：《福柯与德里达——理性的另一面》，贾辰阳译，北京：北京大学出版社，2010 年，第 100 页。

# 79. 转圈的松鼠

如果说现象学是对西方传统形而上学的反叛，那么，实证主义、实用主义和近代语言分析哲学则从另外一个角度进行着同样的事业。实证主义认为形而上学的命题和概念，比如“始基”“理念”“物自体”等，既不能被证实，也不能被证伪，是没有意义的概念和命题。维也纳学派的卡尔纳普（R.Carnap，1891—1970）甚至设想用一套物理语言来翻译心理语言，比如说“在十点钟时，A 先生发怒了”。物理语言的对等句子是：“在十点钟时，A 先生具有某种身体状况，这种状况的征象是：呼吸和脉搏加速，某些肌肉紧张和某种暴烈行为的趋势等等。”[1]

依照实用主义的原则，“真的”不过是有关我们的思想的一种方便方法，正如“对的”不过是有关我们的行为的一种方便方法。詹姆斯（William James，1842—1910）在谈论真理时说：“事实上，真理大部分是靠一种信用制度而存在下去的。我们的思想和信念只要没有什么东西反对它们就可以让它们成立；正好像银行钞票一样，只要没有谁拒绝接受它们，它们就可以流通。但这只有可以直接证实的情况才如此，缺乏这个，正如金融系统缺乏现金准备似的，真理的结构就崩溃了。你接受我

[1] 全增嘏主编：《西方哲学史》下册，上海：上海人民出版社，1985 年，第 647 页。

对某种事物的证实，我接受你对另一事物的证实。我们就这样在彼此的真理上作买卖。但是被人具体证实过的信念才是整个上层建筑的支柱。”[1]证实就是让一个命题或概念具有可操作性，从而能够被验证。

为了见证实用主义的方法运用，詹姆士举了一个有关松鼠的例子。一只松鼠趴在树干上，当人们想去看它时，它却围着树干转圈，人也被迫围着树干转圈。于是问题出现了：人是否在围着松鼠转圈？有人认为是在围着松鼠转圈，有人认为不是围着松鼠转，只能是围着树在转。大家分为两派，各执一词，难以达成统一。詹姆士认为，关键在于围着松鼠“转圈”是否有可操作性。如果转圈的意思是说，从松鼠的前面－左面－后面－右面再到前面，那么，人们就没有围着松鼠转，因为松鼠始终用肚子对着人。如果转圈的意思是说，从松鼠的南面－东面－北面－西面再到南面，那么，人们就是在围着松鼠转圈。[2]这里的关键在于，不能将“转圈”理解为一个抽象的几何图形，因为，不能在经验中进行操作并产生效果的命题和概念，通常是伪命题和形而上学的概念。

语言一旦脱离运用，就可能会有被实体化的危险，从而产生各种无谓的争辩。维特根斯坦（Ludwig Wittgenstein，1889—1951）说：“一个词的意义就是它在语言中的使用。”[3]人

---

[1]（美）威廉·詹姆士：《实用主义》，陈羽纶、孙瑞禾译，北京：商务印书馆，1979年，第106页。

[2]同上，第25页。

[3]（英）维特根斯坦：《哲学研究》，李步楼译，北京：商务印书馆，1996年，第31页。

们常把语言比作工具，但维特根斯坦却把语言行为的多样性比作一个工具箱。词语与词语之间的相似性掩盖了功能上的差异性。他说，当我们走进一个火车头的时候，我们看到了很多或多或少相似的手柄，但这些手柄的用法和功能则是各不相同的，语言的情形也正是如此。维特根斯坦认为，哲学的任务就是将哲学家从形而上学问题的纠缠中解放出来，就如同将苍蝇从瓶子中解放出来。他甚至提出，只管看，但不要想，词语的意义就体现在语言游戏的使用之中。"'词到底是什么东西?'这个问题就类似于'象棋中的棋子是什么东西?'"[1]"帅"和"车"没有本质，也没法被定义，棋子的意义就在于其用法，语言也是如此。

脱离语言的具体使用而去寻找词语或命题的本质，只会陷入无意义的争论。至少在维特根斯坦看来，我们是不可能得到"不死之药"那样的真理的。要寻找终极的真理，就需要越出哲学思辨而进入到宗教情感的领域，或者像马克思那样，将认识活动看作是一种不脱离感性的实践活动。

[1]同上，第71页。

7

第七章

# 论自由

Qitang Jijian Zhexueke

# 80. 自由的含义

哲学中对自由的探讨可以分为两个领域，一是形而上学的自由问题，通常以所谓“自由意志”的形式出现；一是政治生活中的自由问题，即严复笔下的“群己权界”问题。对于“自由意志”问题，我们只能用 free will，而政治哲学中的自由，则可以通用 freedom 和 liberty。如果一定要在 freedom 和 liberty 之间做一个区分，则 liberty 偏重政治哲学中的权利（rights）和义务（obligation）的关系，同正义（justice/righteousness）问题紧密相关。

让我们试着用第 4 章学到的思维方法来分析一下“自由”问题。首先，自由被理解为不受约束，我觉得这个问题可以进一步细化。第一，是“谁”不受约束？第二，不受什么样的“约束”？

第一，“谁”不受约束？即自由的主体是谁？是单一的个体，是群体，还是全人类？个人的自由权利与他人的自由发生冲突时，如何处理？自由是指思想的自由还是行为的自由？言论属于思想还是行为？应该用法律的形式彻底保护言论自由，还是给言论自由设置一定的界限？比如诽谤罪、妄议国政罪。《淮南子·主术训》中说，“尧置敢谏之鼓，舜立诽谤之木”，这就是“华表”的来源，但后来华表就只具有象征意义，成了摆设，成了装饰。我小时候看过一个笑话：有人在墙上写了一行字："国王是个大傻瓜"，结果被抓坐牢。罪名有两条：一是诽谤君上，二是泄露国家机密。让诽谤入刑，的确会有此地无银三百两的反讽意味。

第二，不受什么样的"约束"？是外界的约束，还是自身的约束？如果是外界的约束，是自然的约束，还是人为的约束？比如，人类没有翅膀，就不能像鸟那样飞翔，这是自然本性的限制，但人类是否就因为这种限制而变得不自由了呢？如果约束不是外在的，而是来自人自身，那么，这种约束是欲望的约束，还是知识的约束？我们通常会认为，一个被色欲、仇恨或愤怒吞没的人，即便是实现了目的，也不能算作自由的人。另外，当一个人由于知识的缺陷而做出错误的行为，比如遭到电信诈骗，他在被蒙骗状态下的活动能算是自由的行为吗？

我提倡先思考，而后读书，带着问题读书，读书就成了你与哲人的对话。为了应付考试而读书，几乎等于是在浪费生命，那种教育戕害的人可能会比它造就的人还多，它培养出的是驯服的不会思考的机械，而不是拥有独立人格和自由精神的人。

## 81. 尊严问题

表面看来，自由意志问题似乎是一个纯粹的形而上学问题，但实际上，它所关注的重心在于道德和法律，即人如何才能够对自己的行为负责。如果继续穷究，人们会发现自由意志问题关乎人类自身的尊严。我们先看下面几种情况：

第一，出现工伤时，没有人惩罚机器。虽然有工人被机器轧断胳膊，但谁也不会通过拆毁机器来泄愤。原因很简单，因为机器没有意志，机器是无心的。第二，如果有人不幸被狗咬、驴踢，会有人审判动物吗？动物受到自然规律的必然性的束缚，它们的行为缺乏自主性。就如同人们无法从自然现象中推导出道德现象一样，在一个自然主义的世界中，比如狗拿耗子、蚊子吸血，这里面无所谓对错，无所谓善恶。当然，也就无法给出道德评判或惩罚。第三，未成年人不能完全担负法律责任，精神病人也不需要担负任何法律责任，因为人们几乎把精神病人与一头驴子对等，都不具备自由意志。

至此，我们应该看到，谴责和赞美、惩罚与奖励，必须以人的自由意志为前提。道德的善恶和法律的奖惩，事实上，都预设了作为主体的人是自由的。自由的反面是被迫、不自主，因此，被迫作恶，比如，在劫匪的枪口下打开银行的保险柜，就未必被人谴责；而不自主的行善，比如，面瘫者对你显露的微笑，通常也不值得赞扬。亚里士多德在《尼各马可伦理学》中说："既然出于意愿的感情和实践受到称赞或谴责，违反意愿的感情和实践则得到原谅甚至有时得到怜悯……违反意愿的行为是被迫的或出于无知的。一项行为，如果其始因是外在的，即行为者就如人被飓风裹挟或受他人胁迫那样对这初因完全无助，就是被迫的行为。"[1]这是说，赏善罚恶需要看人的纯正动机。

---

[1]（古希腊）亚里士多德：《尼各马可伦理学》，廖申白译，北京：商务印书馆，2003 年，第 58 页。

在基督教文化中，人天生都是有罪的，这原罪来自亚当和夏娃偷吃了“禁果”，从而有了分辨是非对错的能力。获得分辨是非对错的能力，表明人拥有了自由意志，人能够进行选择，从而脱离了动物的那种“天人合一”的自然状态。接受道德审判和法律惩罚，前提就是审判和惩罚的对象必须拥有自由意志，所以，上帝如果要给人定罪，首先得让人“自由”。亚里士多德说：“儿童和低等动物能够出于意愿地行动，但不能选择。”[1]能够分辨是非对错的人，就是能够进行自由选择的人。

有些很粗俗的看法认为，动物只在发情期发情，而男人却天天都在发情。我想说，这并没有证明男人是禽兽，反倒说明男人的爱情天生就是自由的、形而上的。我始终认为，动物是没有爱情的，原因有二。第一，动物不能认识关系，它能够看到黑白，但看不出美丑；第二，动物不能自由选择，而人却能够在有爱的需要的情况下，选择不去爱。爱的前提就是自由，是选择不去爱的自由，只有当一个人在有权不爱的情况下自主地选择了爱你，这种爱才是真正的爱。不然，那是什么？只能是鬼迷心窍……同理，上帝创造的人，必须拥有选择的自由，唯其自主选择去爱上帝时，那才是真正的“爱”。如果上帝创造的人只会行善，只会爱上帝，而没有作恶和不爱的自由，那么，上帝创造的就不是与自己有着相同形象的人类，而只是蜜蜂、蚂蚁之类的益虫，甚至只能算作机器。

我想说，基督教的“原罪”文化中，恰好隐含着“人是自由的”这样一个不可动摇的前提。我们从中可以看出，为什么

---

[1]同上，第65页。

漠视是最大的不屑。当别人痛骂你或对你进行道德批判的时候，他至少把你当作了他的同类，即一个拥有自由意志的人。如果他对你的恶行视之不见，那就等于把你当作了禽兽。我们也要从中进一步看出，“自由意志”问题其实包含着人类的自尊（或者也是自大）在其中。认为人能够为自己的行为负责，就等于认为人类是万物之灵。否定了“自由意志”，几乎等于否定了人类高于动物的尊崇地位。

惩罚如果要生效，前提是被惩罚的人就必须具备分辨善恶的能力。因为，对于不能分辨是非善恶的人，惩罚是没有意义的。我甚至认为：不是因为人类有了罪，所以上帝给予人类相应的惩罚；而是相反，是人类拥有了接受惩罚的能力，所以人类就有了罪！上帝创造了亚当夏娃之后的第一件事，就是让人类犯罪，去吃那辨别是非善恶的果子。这是创造工作的继续，是在给人类安装操作系统的软件，只有肉体的硬件存在，那还不叫“人”。

## 82. 自由的感觉

通常我们都会认为自己是自由的，因为我们拥有自由选择的感觉，比如，我可以选择喝茶叶还是咖啡，并没有什么能够强制我做出某种决定。但是，感觉并不完全值得信赖。当我们迷路时，会觉得南就是北，即便理智地认识到了自己的迷失，却仍然无法用理智来纠正感觉。当人们突然面临万丈深渊的时候，就会向后退缩；当一棒子打来时，人们会闭上眼睛；当受到强光刺激时，人们的瞳孔会缩小；“当我们看到或是仅仅想起一个美丽的女人……血液……以惊人的速度奔腾……跑去把海绵体膨胀起来”[1]，这些时候，人们感觉到自己的自由了吗？他是在选择自己的行为，还是仅仅在被迫接受身体机械反应的结果？在法国哲学家拉·美特里（Julien Offray de La Mattrie，1709-1751）看来，这里只有机械反应，没有任何自由选择的空间。

在一些选择余地较大的事情上，比如，选择自己的恋爱对象，选择未来的职业等，人们愈发会认为自己是自由的，因为感觉不到强制因素的存在，尤其是内在的因素。很多人的恋爱都是幼年时期被压抑到潜意识中的恋父情结或恋母情结的再现，男人会选择一个性格与母亲类似的女人，而女人则会选择一个性格与父亲类似的男人。很多家族的夫妻关系的组合，就像有了基因的控制一样，一辈又一辈地在重复着。难道这些人的恋爱选择是自由的吗？比如，当一个人在被催眠的状态下被暗示去自行创业，而不是继承家族产业，这很像电影《盗梦空间》中的剧情。当他醒来后，以为自己顶住了外在的舆论和压力，力排众议、乾纲独断，自由选择了未来的方向。然而，我们并不认为他是自由的，反而觉得他是被控制、被决定的玩偶。他之所以觉得自己是自由的，只是因为他没有觉察到自己头脑中事先发生的一系列事件，这些先在的事件直接导致了他后来的

[1]（法）拉·梅特里著：《人是机器》，顾寿观译，北京：商务印书馆，1959年，第57页。

决定。就如同潜水艇从水面浮现，人们只看到潜水艇浮现的那一刻，而它在水下所做的一切行动，都被认为是不存在的。同理，人们没有觉察到头脑中事先发生的一切，所以，就想当然地认为在自己做出决定之前，并没有任何东西制约自己，因此，感觉自己的选择完全是自由的。

人类大脑中的一切意识活动，是否都可以还原为具体的生物化学反应？我说出一句话，打出一个字，都可以对应大脑中某个细胞或分子中的细微变化，就像我电脑上五花八门的内容，全都受到键盘的操控。我们的问题是：人脑在实质上等于电脑吗？如果答案是肯定的，那么，人类将毫无自由可言。如果是否定的，那么，人脑不同于电脑的地方又体现在何处？

人脑等于电脑吗？这个问题，我们可以反过来讨论，即“电脑能够取代人脑吗？”人工智能能够完全实现人脑的功能吗？

## 83. 汉语屋子

模拟简单的人类智能，计算机能够做到，并且可以轻易超越人类。比如，加减运算，电脑必然超过人类；人机对弈的围棋比赛，电脑也可以战胜人类。但是，电脑能够拥有知觉吗？比如冷热和疼痒。能够拥有情绪吗？比如嫉妒和愤怒。能够进行反思吗？比如形成自我和上帝的观念。能够从事文学艺术创作和鉴赏活动吗？能够恋爱、战争和自杀吗？就现在的人工智能的技术水平而言，电脑显然不可能实现人类的上述活动。哪怕是在大街上分辨某个人的面貌，电脑也远远落后于人类，更别说用人工智能代替医生诊疗疾病或是代替政客进行多边国际会谈。

我们暂且不需要延伸到科幻的领域，如果让人类与电脑程序聊天，电脑能否瞒天过海，被人们误以为它就是个活生生的人？如果做到了这一点，电脑至少可以给人以“拥有意识”的假象，从而使人工智能成为可能。著名的图灵测试便是基于这样的设想。阿兰·图灵（Alan Turing，1912—1954）被誉为“计算机之父”，他设想将一个人和一台电脑分别置于房间之中，而接受测试的人不能同房间中的人或者电脑直接接触，他只能通过提问问题的方式，来判断回答问题的是否是人类。如果一台机器被误判为人类的机率达到 30% 以上，就可以算作是人工智能的成功实现。2014 年，即图灵逝世 60 周年之际，英国进行了一次图灵实验，五台电脑中，有一台成功通过测试。图灵测试的成功说明，人类的大脑可能与一台电脑没有本质的区别。如果一台电脑控制的机器人戴上仿真面具同人类聊天，人们会将它误以为是拥有意识的人类。

人是否就是一台智能机？为了反对强人工智能的理论，美国当代哲学家约翰·塞尔（John Searle，1932—）于 1980 年提出了“汉语屋子”的思想实验。假设塞尔处于一个房屋之中，屋子里有满筐满筐的纸条符号，外边一人通过递纸条的方式与塞尔进行交流。塞尔对中文一窍不通，但手头有程序手册，可以根据手册中的规则递出相关的纸条。当屋外那个了解中文的人递进去一则笑话时，塞尔就会回复一个写有“哈哈”的纸条。

屋外的这个人以为塞尔读懂了笑话，其实塞尔完全没有理解笑话的内容。就像图灵机可以让人误以为它拥有人的意识，但它的确是毫无意识的。

塞尔认为，计算机程序实现了合理的输入与输出，但绝不等于机器拥有了思维和意识。汉语屋子的实验，目的在于证明机器不具备意向性（intentionality），即便从结果和外在表现上看，具有意向性的人与机器的回答相同，也不能证明机器理解了意义。简言之，只有人能够理解意义。“思维绝不仅仅是处理无意义的符号的问题，它包含有意义的语义内容。这些语义内容就是我们所说的‘意义’。”[1]可以说，“汉语屋子”的思想实验证明电脑不可能拥有意识，人脑也绝不能等同于机器。

## 84. 强决定论

近四百年的近代科学的发展，已经塑造了人们看待世界的方式，即以因果律为基础的决定论。科学取得的巨大成就，使得人们不自觉地将适用于科学领域的观点和方法移植到了人生的其他领域，并作为衡量真假对错的范式。我们这个貌似混沌无序的人类世界，是否也是完全被决定的，并没有丝毫的自由存在呢？比如，飞花从树上飘落，表面看来每一个花瓣都是自由落地的。梁

[1]（美）约翰·塞尔：《心、脑与科学》，杨音莱译，上海：上海译文出版社，1991年，第27页。

代的范缜就是这样来反对佛教的因果思想的，他回答萧子良道："人之生譬如一树花，同发一枝，俱开一蒂，随风而堕，自有拂帘幌，坠于茵席之上；自有关篱墙，落于粪溷之侧。堕茵席者，殿下是也；落粪溷者，下官是也。贵贱虽复殊途，因果竟在何处？"（《梁书·范缜传》）但事实上，只要能够精确计算出每瓣花的受力状况，就能够预测出它们的运行轨迹和散落位置。即便是用类比作为论证手段，这个类比也不能证明范缜所持的命运的偶然性立场，反而证明了因果关系的必然性。

这种视一切事物均处于必然的因果关联之中的世界观被称为"决定论"。强决定论没有为自由意志和自由选择留下一点余地，"如果自然规律使得这个世界在任何一个给定的时间点上的状态充分地决定了它在后来任何一个时间点上的状态，那么这个世界就是决定论"。[1]在决定论的世界观下，自开天辟地以来，每一次风吹草动和每一个人的脉搏跳动，都是像电脑设定好的程序一样，容不得半点的改动，因此，决定论的世界里完全没有自由意志的可能。需要提醒一点，决定论不等于宿命论，因为宿命论可以与自由意志相融。俄狄浦斯拥有自由意志，可以做出不同的选择，但他最终仍逃不开预定的结局，这就是宿命。

科学的世界观必然会把看待自然的眼光转回来看待人类自身，从而否定自由意志的存在。现在的问题是：决定论是正确的吗？回答：决定论的最大难题是无法为生命提供意义。如果人类能够充分把握宇宙间一切事件的前因后果，解释事件的来

[1]（美）斯蒂芬·斯蒂克等主编：《心灵哲学》，高新民等译，北京：人民大学出版社，2014年，第416页。

龙去脉，并借此将自由意志彻底驱除，那么，人生就成了毫无意义的机械程序。你按动一下键盘上的按钮，于是电脑就开了，电脑是被决定的，是没有自由的；同理，大脑中发生了一个生化反应，于是你就恋爱了，你是被决定的，就像一台电脑。将人生看成时空中的一串必然性链条，无论对这个链条的因果关系描述得多么充分和详尽，也不能满足生命本身对意义的渴求。因为描述（description）不等于解释（interpretation），描述了案发现场不等于破获了案件。

如果我们追问一个决定论者："你为什么认可决定论？"他回答说："没有为什么，我之所以如此，乃是被决定的！"我们也可以以其人之道还治其人之身："我绝不会认可决定论，没有为什么，这也是被决定的！"决定论彻底否定了自由意志，也就否定了一切意义得以存在的基础，当然，也就否定了决定论自身存在的意义。就让那些持有强决定论立场的还原论者在大脑中的生物化学反应里寻找"人生的意义"吧。

## 85. 弱决定论

弱决定论又被称为相容论，其代表人物是洛克，他认为人的意志是被决定的，但人同时又可以是自由的。意志或意欲[1]

[1] 洛克也细分了意志、意欲，他把意志视为心理动作，一种心理提示，而意欲则是做出选择并行动的驱动力。有时候，他也将意志与意欲等同使用。

是一种动作，只要一种意欲出现在心中，剩下的选择就只能是彻底实现这种意欲或者是制止它，“那种动作的实现或制止亦就必然地相因而至，而且成了真正自愿的。不过那种意志作用，那种选择彼此的作用，是他所不能免的，因此，他在那种意志作用方面，是受必然所支配的，是不自由的。”[1]洛克举例说，当一个人在行走时，得到一个“停下”的建议，则他必然会选择其一，即走或不走。我们通常会在事后反思说，自己原本可以做出相反的选择，洛克认为这种自由是不存在的。因为走或不走，都出于你的意志，幻想“选择自己的选择”或者“意欲自己的意欲”是自相矛盾的，就像一个人幻想拔着自己的头发离开地球一样。

但是，意志的被决定，并不妨碍人的自由。因为自由是一种动作或不动作的能力，只要这种能力满足了意志，自由就存在；反过来，当人的意欲的范围越出了能力的范围，那么，他就是不自由的，因为动作与否皆不能自主。洛克认为，愿意的反面是不愿意，而非不自由。简言之，意志处于思想层面，只可以有无论；只有当意志落实到行为层面，才可分判其是否遭遇阻力，也即是否自由。因此，自由与行动能力相关，而与意志或意欲无关。他举了一个例子，与《天龙八部》中虚竹的遭遇有几分类似。一个沉睡的人被抬走并锁到一个房间内，醒来后发现屋里有一个他渴望见到的伴侣，于是他宁愿停留在这里，不愿意出去了。洛克的意思是说，自由是奠基在行动能力

[1]（英）洛克：《人类理解论》，关文运译，北京：商务印书馆，1959年，第216—217页。

之上的，只有当他尝试走出或待在房间中时，才会出现自由或者不自由的问题；然而，就他的意愿本身而言，无所谓自由与否。“一个囚犯如果囚在二十呎见方的一个屋内，则他在室底北端时，可以自由向南走二十呎，因为他亦可以走，亦可以不走。不过同时，他却不能做相反的一种事情，却不能往北走二十呎。因此，所谓自由就是说，我们可以按照自己底选择或意志，有执行或不执行的能力。”[1]

对于“自由意志”问题，洛克花了很大功夫来澄清概念，他认为“意志自由”的说法是荒谬的，毫无意义的。意志是人的选择能力，自由则是人的行动能力，两者都是机能，都是主体的属性。在日常语言中，我们会说唱歌的官能、跳舞的官能、消化的官能、动作的官能、选择的官能、理解的官能……其实，选择的官能就是意志，动作的官能就是自由，追问“意志是否自由”就是在追问“选择的官能是否是行动的官能”，或者“跳舞的官能是否是消化的官能”。谈论“意志自由与否”就是在用一种属性来指称另一种属性，就好比谈论“白色是硬是软”一样，显然是无意义的。“人们的大错乃在于把这些官能，都认为是许多独立的主体。”[2]也就是说，属性被实体化了。在此，选择的能力（即“意志”）被实体化了，被错误地当作了主词来使用。洛克明确指出，“意志是否自由的问题是不适当的，只有人是否自由的问题才是适当的。”[3]

---

[1]同上，第218页。
[2]同上，第214页。
[3]同上，第215页。

我认为洛克的分析是正确的，但其调和自由意志说和决定论之间冲突的作用是有限的。一个被洗脑、被催眠的人，也可以拥有意志，并实现自己的意志。但我们仍然判定这类人是不自由的，这里的标准不是实现意志时是否在现实中遇到阻力，而是意志本身是否受到主体之外的力量的操控。很多时候，那些坚持自由意志说的人，的确是在谈论人是否自由，而不是在谈论人的某种能力或属性。

如果坚持洛克的分析方法并将之贯彻到底，我们很可能会认为人的精神也不过是肉体的一种机能。选择的能力叫作意志，但不能将意志实体化；同理，思维的能力叫作灵魂，但不能将灵魂实体化。思维是人的能力，意识则是人脑的产物，是人脑的机能。将这种机能实体化的结果，就是认为人的肉体之外还存在着灵魂。于是乎，意志是如何指导行动的呢？精神是如何决定肉体的呢？思维的序列如何与物质的序列发生关系的呢？这就不得不讨论身心关系的问题，并涉及哲学史上所谓的“二元论”。

一种液体是黄色的，另一种液体是蓝色的，我们认为黄色和蓝色分别由两种实体承载。当它们被调和在一起的时候，出现了一种新的颜色——绿色，于是我们禁不住习惯性地追问：“承载绿色的实体是什么？”马克思主义哲学认为，思维是人的属性，意识是大脑发展到一定阶段（即人脑）的产物，没必要为思维的属性另设一个实体化的载体——灵魂，就像没必要为绿色寻找一个新的、独立的载体一样。这就消解了身心二元论，回归到物质一元论的框架之下。

## 86. 非决定论

然而，物质一元论的世界观很容易重新陷入决定论的泥潭之中。比如休谟就认为，人类的行为虽然捉摸不定，可以短时期内由一个极端过渡到另一个极端，但这并不意味着人类行为跳出了必然性的支配。事实上，只要动机与行为之间的结合具有恒常性，我们可以在因果关系的指导下进行推断和预测，那么，“现在我可以肯定说，谁要是以这个方式进行推理，他就在事实上相信意志的活动是由必然发生的”。[1]

古希腊哲学家很早就意识到必然性支配下的世界中难以有自由意志的存身之地，比如，伊壁鸠鲁的后学卢克莱修就明确提出，原子的运动会发生偶然的偏斜，从而为自由意志提供了基础。他说：“如果一切的运动永远是互相联系着的，并且新的运动总是从旧的运动中按一定不变的秩序产生出来，而始基也并不以它们的偏离产生出某种运动的新的开端来割断命运的约束，以便使原因不致永远跟着原因而来——如果是这样，那么大地上的生物将从何处得到这自由的意志，如何能从命运手中把它夺取过来——我们正是借着这个自由的意志而向欲望所招引的地方迈进。”[2]

---

[1]（英）休谟：《人性论》，关文运译，北京：商务印书馆，1980年，第443页。
[2]（古罗马）卢克莱修：《物性论》，方书春译，北京：商务印书馆，1981年，第84页。

马克思对于伊壁鸠鲁原子偏离运动理论的惊喜，不亚于爱丁顿（Arthur Stanley Eddington，1882—1944）爵士对于量子力学测不准原理的惊喜，古代和现代的这两种有关微观世界的理论，同样为人们捍卫自由意志提供了支撑。绝对的必然性和确定性在物理世界中就遭到了否定，何况是在人类世界中呢？马克思以此为线索写出了自己的博士论文，《德谟克利特的自然哲学和伊壁鸠鲁的自然哲学的差别》，凸显了自我意识和自由意志的重要性。“马克思强调，‘抽象的个别性是脱离定在的自由，而不是在定在中的自由。它不能在定在之光中发亮。’这里包蕴的含义是，无论现实怎样，个体作为原子，总会保持着内心的那份自由。这说明了社会对自由的粗暴践踏，恰恰激发了哲学在思想表达领域里最为自由的发挥。”[1]马克思终生为捍卫自由而奋斗，虽然他跳出了纯理论领域，并在实际上主张一种“积极自由”。

但是，“这种从原子的运动中推断出来的反对决定论的论据，完全依赖于我们现在的无知；也许明天由于某种新规律的发现它将遭到驳斥。”[2]更严重的问题在于，如果人的意志也像量子力学的测不准原理一样，依照机率发挥作用，那么，强决定论与非决定论一样，都会弱化乃至摧毁人的道德责任。比如，这次在大街上捡到钱包，到底是据为己有还是联系失主归

[1] 聂锦芳：《马克思的“新哲学”——原型与流变》，北京：中国社会科学出版社，2013年，第96页。

[2]（英）罗素：《宗教与科学》，徐奕春、林国夫译，北京：商务印书馆，2010年，第88页。

还呢？由于意志是不受决定的，也无法预知选择的结果。如果捡到一百次钱包的话，据为己有和归还失主的比率可能是30：70。之所以反对决定论，就是为了让人无可推诿地负担起道德责任，使赏罚都有切实的根据而不失正义。结果呢，现在人们只能依照概率来判定善恶或进行赏罚，这当然是很荒唐的。

对此，休谟看得很清楚，他认为如果人的意志行为完全摆脱了因果必然性的支配，道德同样会崩溃。“如果人类行为中没有因果的必然联系，那么不但所加的惩罚不可能合乎正义和道德上的公平，而且任何有理性的存在者也不可能会想到要加罚于人。憎恨或愤怒的恒常的和普遍的对象，是赋有思想和意识的一个人或动物；当任何罪恶的或侵害的行为刺激起那种憎恨情感来时，那只是因为那些行为和那个人有一种关联。但是依照自由或机会学说来说，这种关联就变得不存在了，而且人对于那些有意图的、预谋的行为，也像对于偶发的、偶然的行为一样，不负有任何责任了。”[1]其次，休谟指出，如果人的行为摆脱了因果必然性，那么，一切教育行动和奖惩机制都不能起到任何导人向善的作用。因为意志是自由的，是不受决定的，承认人的行为可以通过说服教育而得到改善，就等于承认人的意志受到了影响和控制。也就是说，若想让人为自己的行为负责，人的意志就绝不能是自由的，而必须是被决定的。

休谟对自己的论证十分满意，他自信地说：“在回顾这些推理时，我确信得到了完全的胜利；因此，我既已证明，意志的

[1]（英）休谟：《人性论》，关文运译，北京：商务印书馆，1980年，第449页。

所有这些活动都有特殊的原因，我现在就要进而说明这些原因是什么，并且它们是如何活动的。”[1]

## 87. 刽子手的形而上学

至此，我们陷入了二律背反：强决定论无法容纳自由意志，而非决定论同样消解了道德责任。至于相容论，不过是重新对意志和自由进行一番界定，穷究到底，依然会落入决定论的藩篱。决定论与自由意志的矛盾在很大程度上是由于所持的立场和方法不同而导致的。科学家预设的前提是决定论，而道德家预设的前提是自由意志。决定论使得自然界可以预测和控制，并带来了科技的进步和生活的便利，人们当然乐意接受决定论的世界观。然而，人们想控制他人和外物，却不想被外物和他人控制，因此，就不愿意将这种决定论使用到自己身上。“一旦他们不得不相信：在人类存在之前规律已经在起作用了，它们通过一种盲目的必然性不仅产生了一般的男男女女，而且还产生了具有一切个人特征的一个人的自我，说着现在所说的话，做着现在所做的事——一旦不得不这样相信，他们就感到自己丧失了人格、没有出息、无足轻重，是周围环境的奴隶，丝毫也不能改变自然一开始就指定他们去扮演的角色。为了企图摆脱这一窘境，有些人假定人类是自由的，而其余一切领域都是

[1] 同上，第 450—451 页。

决定论的；其他一些人则使用巧妙的诡辩手法，企图在逻辑上把自由与决定论调和起来。”[1]

与罗素比起来，尼采说得更为直白，他认为那些支持自由意志理论的人是相当虚荣和自负的，因为，承担责任的渴望就是潜在的对于荣誉的渴望，对于自我独立性的渴望。“有些人无论怎样也不愿意放弃他们的‘责任’、他们对自己的信仰以及他们对其才能所享有的权利（那些虚荣的人可归于这一类）。与此相反，另一些人不愿意对任何事情负责，或不愿意因为任何事情受指责，并且，由于其内心的自卑心理，他们努力把对自己的批评转移到别处。如今，后者著书之时习惯于为罪犯开脱，他们最具吸引力的伪装是一种社会主义的同情心。”[2]人能够为自己的行为负责，才可以把赞赏归于自己；同理，人能够为自己的行为负责，才能把惩罚施与他人。因此，自由意志背后不仅隐藏着虚荣心，还隐藏着惩罚欲。

尼采指出：“无论何处，凡有要人承担责任的意图，往往可以发现那里有惩罚欲和审判欲的本能。如果某某状况被追溯到意志、目的、承担责任的行为，人就被剥夺了他的无罪的生成。意志学说实质上是为了惩罚，即为了寻找罪恶的愿望，而被发明的。整个古代心理学，即意志心理学，其前提是它的创始人即古代社会上层的僧侣想要给自己造成一种予人以惩罚的权

[1]（英）罗素：《宗教与科学》，徐奕春、林国夫译，北京：商务印书馆，2010年，第98页。

[2]（德）尼采：《善与恶的彼岸》，梁余晶、王娟、任晓晋译，北京：光明日报出版社，2007年，第30页。

利——或者说想要给上帝造成这种权利……人被认为是‘自由’的，以便可以加以判决或惩罚——以便可以成为有罪的……基督教是刽子手的形而上学。”[1]的确，渴望拥有自由意志实质上就是渴望成为上帝，上帝是宇宙的第一因，拥有自由意志的人则是行为的第一因。作为不动的推动者，每个人都是一个上帝，这可算作是亚当和夏娃偷吃禁果的一层含义。

另一方面，自由意志学说的确暗含着强烈的惩罚欲。中国的宋明理学家喜欢讲存天理、灭人欲，就是将讨伐的对象由外在的行为引向了内在的动机。当王阳明说：“破山中贼易、破心中贼难”（《王阳明全集·与杨仕德薛尚谦书》）的时候，同样是将惩罚的欲望指向了人的思想。道德总是披上温情的面纱，而其背后的真面目则可能是狰狞恐怖的。孔夫子说：“听讼，吾犹人也，必也使无讼乎。”这种温情脉脉的社会理想，在现实的实践中恰好会满足更为严厉和苛刻的惩罚欲。要想实现“无讼”的理想，就必须要加强道德教化，其结果是不辨思想和行为之间的区别，最终导致“以理杀人”的局面。法律具有滞后性，只能惩罚人的行为，不能惩罚人的思想，而自由意志学说就为诛心之论提供了方便，因为思想也可能会成为被惩罚的对象。“在人类社会的相当长的历史时期内，的确存在将思想作为处罚对象的现象，亦即在刑法上意图被视为行为。原因之一在于法律与宗教、道德没有分离，古代‘罪’的观念与神秘的、宗教的污秽相联系，是许多民族共同的现象。摩西十诫、日本德

[1]（德）尼采：《偶像的黄昏》，周国平译，北京：光明日报出版社，2001年，第41—42页。

圣太子十七条宪法就是法律与道德的结合。”[1]从这个角度来看，自由意志理论脱胎于原始的宗教和封建的律法，身上还散发着浓厚的野蛮气息。

在结束了对于自由意志的讨论之后，我们将自由问题引向人的实践领域，从现实生活和政治哲学的角度来谈论自由。

# 88. 人的依赖关系

马克思认为，自由的发展经历了三种形态，分别是人的依赖关系、物的依赖性和自由个性。“人的依赖关系（起初完全是自然发生的），是最初的社会形态，在这种形态下，人的生产能力只是在狭窄的范围内和孤立的地点上发展着。以物的依赖性为基础的人的独立性，是第二大形态，在这种形态下，才形成普遍的社会物质变换，全面的关系，多方面的需求以及全面的能力的体系。建立在个人全面发展和他们共同的社会生产能力成为他们的社会财富这一基础上的自由个性，是第三个阶段。第二个阶段为第三个阶段创造条件。”[2]

在前资本主义社会，人与人之间“只是以自然血缘关系和统治服从关系为基础的地方性联系。”[3]因而，个人的自由是很有

[1] 张明楷：《刑法格言的展开》，北京：北京大学出版社，2013 年，第 198 页。
[2]《马克思恩格斯全集》(第 46 卷上)，北京：人民出版社，2006 年，第 104 页。
[3] 同上，第 108 页。

限的。比如，在奴隶社会，奴隶依附于奴隶主，自由民依附于贵族；在封建社会，农民依附于地主，就如同子女依附于父母。国被当作大写的家，国君和官员被视为民之父母，而人民则被称为“子民”，这都是人身依附关系的体现。休谟在谈到专制制度时总是加上“野蛮”一词，并指出了君主国与共和国的不同。“唯一不同的是，在共和国中，谋求职位的候选人必须两眼向下，争取民众的选票；而在君主国中则需要两眼向上，祈求大人物的恩宠。”[1]在这等体制之下，做官的秘诀就在于对上负责，至于对下是否负责，无足轻重。当然，这并非出于下属的本意，在很大程度上是因为拥有权力的人喜欢别人对他言听计从。有子曰：“其为人也孝弟，而好犯上者，鲜矣；不好犯上，而好作乱者，未之有也。君子务本，本立而道生。孝弟也者，其为仁之本与！”（《论语·学而》）目的很明显，讲孝悌就是为了防止人们顶撞上司，免得让他们“没面子”。林则徐的老师，从乾隆到嘉庆和道光的三朝元老曹振镛，在谈到自己的做官秘诀时说：无他，但多磕头，少说话耳。于是有了“磕头宰相”的雅号。[2]事实上，强调大一统和下级对上级的服从，不但不能真正实现大一统，恰好相反，这样的体制中会形成众多的小宗派和利益集团，分别围绕在某些手握大权的人周围。这些集团彼此时分时合，一旦一个集团头目倒台，就会拔茅连茹，牵连出一群追随者。这是专制体制自身造成的结果，人们可以无所作为，但

---

[1]（英）休谟：《休谟政治论文集》，张若衡译，北京：商务印书馆，2010年，第74页。

[2] 端木赐香：《大国之殇》，北京：当代中国出版社，2013年，第79页。

不能违拗上意，为了生存，自然只能到权力之下寻求庇护。

当自由尚且处于“人的依赖关系”的层面时，社会特别强调人际交往中的礼节。“在谈话的艺术中，最悦人的莫如相互尊重或讲究礼貌。它使我们顺从对方而放弃自己的主见，抑制心中天生易有的专横和傲慢……在文明君主国内，自国君到农夫，其间存在一系列的附属关系……足以驱使每个人都想取悦权位高于己者，按照有地位和有教养的人最容易接受的模式培养自己的风格，因而彬彬有礼的举止自然最易产生于君主国和宫廷中。”[1]而在民主共和国内，由于人与人是平等的，个人的权利和尊严得到了法治的保障，人们反而不甚注重交往中的细节，因为没有必要去迎合谁，更没有必要去揣测别人的心理或是去学习人情世故，结果，人际交往中就显得不免有些“粗野”。就像当年的清政府，因为英国人不懂礼数而认定英夷是未开化的“野蛮人”，反过来，英国人因为清政府不懂人权而认定中国人是未开化的“野蛮人”。

中国人文质彬彬，号称自己国家是礼仪三百、威仪三千的礼仪之邦，哪怕吃碗饭，也有一大套规矩要学习。《礼记·曲礼》中有一段描述吃饭规矩的话：“侍食于长者，主人亲馈，则拜而食，主人不亲馈，则不拜而食。共食不饱，共饭不泽手。毋抟饭，毋放饭，毋流歠，毋咤食，毋啮骨，毋反鱼肉，毋投与狗骨，毋固获，毋扬饭。饭黍毋以箸，毋嚃羹，毋絮羹，毋刺齿，毋歠醢。客絮羹，主人辞不能亨。客歠醢，主人辞以窭。濡肉

[1]（英）休谟：《休谟政治论文集》，张若衡译，北京：商务印书馆，2010年，第75页。

齿决，干肉不齿决，毋嚺炙。卒食，客自前跪，彻饭齐，以授相者。主人兴辞于客，然后客坐。侍饮于长者，酒进则起。拜受于尊所，长者辞，少者反席而饮，长者举未釂，少者不敢饮。长者赐，少者贱者不敢辞。赐果于君前，其有核者怀其核。御食于君，君赐余，器之溉者不写，其余皆写。”每当看到这段话的时候，我就庆幸自己没有生活在古代，那些烦琐的规矩让我有种想要自杀的冲动。

罗素认为，提倡礼仪有两点害处，“其一，它绝对相信自身的正确性，其二，它认为与智能、艺术创造力、活力，以及世间其他推动事物发展的动力相比，人们更需要的是正确的风度。然而，谁要是绝对的自信，那么这种自信本身就足以毁灭全部精神上的发展。伟大的精神力量几乎肯定会伴之以生硬的姿态和令人尴尬的举止……礼仪自身是僵死的、一成不变的，因此，礼仪就会用它的举止把僵死的气息传播给不具有‘礼仪’的人们，使许多原本富有生气的人变得僵化起来。”[1]

如果说礼仪的目的在于造就谦谦君子，那么，“磕头宰相”曹振镛可谓深得周易《谦》卦的精髓。地山谦，这个卦象告诉人们，即便你拥有山的高度，也要把头低到地平面之下。千万不可“饰知以惊愚、修身以明污”（《庄子·山木》），明白也要装糊涂，高贵也要装鄙俗，挫锐解纷、和光同尘，那才是最高的境界。然而，卓有见地的王夫之却痛斥谦卦是“乱世”之象，他说：“夫君子之相于也，此无所快，彼无所憾，寡无所求，多

[1]（英）罗素：《罗素自选文集》，戴玉庆译，北京：商务印书馆，2006年，第83—84页。

无所益，岳岳焉，侃侃焉，论道而无所苟同，当仁而无所复让，序爵以贤，受功以等，上违下弼，匡以道而行以直，而亦奚用谦为……君子一而小人万，以身涉于乱世之末流，不得已而以谦为亨，君子之心戚矣。”[1]凡是光明，都能够驱散黑暗，不论这光明来自何处，它们在本质上是相同的。可见，不论是东方人还是西方人，他们对礼仪的洞见也是相同的。

## 89. 物的依赖性

在“人的依赖关系”阶段，人在形式上和本质上均不自由；到了“物的依赖性”阶段，人在形式上获得了自由，但在本质上并不自由。表面上看，人不再是奴隶，脖子上也没有了枷锁，“罗马的奴隶是由锁链，雇佣工人则由看不见的线系在自己的所有者手里。他这种独立的假象是由雇主的经常更换以及契约的法律虚构来保持的。”同时，人也不再被束缚到土地上面，而是可以自由迁徙，只要不越过持枪的士兵把守的边防线。马克思也说：“奴隶属于某个一定的主人；工人固然一定要把自己卖给资本，但并不一定要卖给某个一定的资本家，他可以在一定的范围内选择把自己卖给谁，他可以换主人。”（《马克思恩格斯全集》第 49 卷，第 93 页）对于雇佣工人和资本家而言，“在形式上他们之间的关系是一般交换者之间的平等和自由的关系。这

[1]（明）王夫之：《周易外传》，北京：中华书局，1977 年，第 40 页。

种形式是表面现象，并且是骗人的表面现象。”（《马克思恩格斯全集》第 46 卷上，第 462 页）

这种自由之所以是虚假的，因为工人和资本家之间所处的经济地位不同，法律上的平等掩盖了事实上的不平等。恩格斯说：“劳动契约据说是由双方自愿缔结的。而只要法律在字面上规定双方平等，这个契约就算是自愿缔结。至于不同的阶级地位给予一方的权力，以及这一权力加于另一方的压迫，即双方实际的经济地位——这是与法律毫不相干的……至于经济地位迫使工人甚至把最后一点表面上的平等权利也放弃掉，这又是与法律无关。”[1]恩格斯在《必要的和多余的社会阶级》一文中又说：“自从阶级产生以来，从来没有过一个时期社会可以没有劳动阶级。这个阶级的名称、社会地位有过变化，农奴代替了奴隶，后来本身又被自由工人所代替，所谓自由，是摆脱了奴隶地位的自由，但也是除自己的劳动力外一无所有的自由。”（《马克思恩格斯全集》，第 19 卷，第 315 页）

在资本主义社会，这种形式上的自由主要体现在商品拜物教上。在基督教中，依照马克思的看法，上帝是人的主观精神客观化的结果，不是上帝创造了人，而是人为自己创造出了上帝。这个人造的对象反过来决定了人生命中的一切，当然也决定了人与人之间的关系。在资本主义社会中，人与人之间的关系以物化的商品形式变现出来，“要找一个比喻，我们就得逃到宗教世界的环境中去。在那里，人脑的产物表现为赋有生命的、

[1]（德）恩格斯：《家庭、私有制和国家的起源》，北京：人民出版社，1999 年，第 74 页。

彼此发生关系并同人发生关系的独立存在的东西。在商品世界里，人手的产物也是这样。我把这叫作拜物教。”[1]商品拜物教就是货币拜物教、资本拜物教，或者说是拜金主义。

“货币的力量有多大，我的力量就有多大。货币的特性就是我这个货币持有者的特性和本质力量。因此，我是什么和我能够做什么，这绝不是由我的个性来决定的。我是丑的，但是我能为自己买到最美丽的女人。所以，我并不丑，因为丑的作用，它的使人见而生厌的力量，被货币化为乌有了。我——就我作为一个个人的性质而言是个跛子——可是货币给我弄到二十四只脚，所以，我并不是跛子。我是一个邪恶的、不诚实的、没有良心的、没有头脑的人，可是货币是受尊敬的，所以，它的持有者也受尊敬。货币是最高的善，所以，它的持有者也是善的。”[2]由于货币能够将一切事物和价值都加以混淆和替代，因此，货币是一种颠倒黑白、颠覆人性的力量。

虽然对于资本主义的政治经济制度有着如此辛辣的批判，但比起奴隶社会和封建社会的那种人身依附关系而言，人类的自由真的往前走了大大一步。至少，政府官员没有了“伴君如伴虎”的那种胆战心惊；哪怕是资本主义社会的一名妓女，也要比封建社会宫廷中的王妃拥有更多的尊严和自由；当然，雇佣工人也要比奴隶和农奴有着更多的自由，至少他的生命权得

---

[1] 唐正东编著：《马克思恩格斯哲学原著选读》，北京：北京师范大学出版社，2010 年，第 239 页。

[2]（德）马克思：《1844 年经济学哲学手稿》，刘丕坤译，北京：人民出版社，1979 年，第 105—106 页。

到了法律的保障，不会被主人随意剥夺。市场经济下的平等是“金钱决定一切”的原则。“这样的原则似乎十分‘庸俗’，可是，还有什么比‘金钱决定一切’更公平呢？如美国新保守主义社会学家彼得·伯杰（Peter Berger）所发现的，对于专制时代的统治精英来说，决定一切的是权力。对于贵族来说，决定一切的是出身和门第。在市场经济下，由于金钱所带来的平等，任何一个名不见经传的小人物都竟然可以用金钱换取过去只属于有权者和贵族的社会地位。”[1]我并不认为万恶的资本主义有多完美，但它毕竟进入到了“物的依赖性”的阶段，尚且处于“人的依赖关系”中的人，显然缺少批判它的充足的底气。

## 90. 从异化劳动到自由个性

以私有制为基础的商品经济败坏人性，使得雇佣工人成为商品在市场上出售，这与奴隶制只有形式的区别，并无本质的区别。只不过奴隶社会的奴隶固定隶属于某个奴隶主，而资本主义社会的雇佣工人则是所有资本家的潜在的奴隶，他拥有选择被哪个资本家雇佣的自由，却没有拒绝出卖劳动力的自由。雇佣工人的劳动被马克思界定为异化劳动。何谓异化？就好比女人生孩子，从自己体内分化出来的存在，反过来控制自己，使得主动变为被动，中心变为边缘，极端情况下，孩子还可能

[1]刘军宁：《保守主义》，北京：东方出版社，2014年，第150页。

成为自己的对立面。在马克思看来，工人的劳动也被异化为自己的对立面。

马克思指出了劳动的四种异化形式，分别是劳动对象与劳动者的异化；劳动与劳动者的异化；人的本质与劳动者的异化；劳动者之间（人与人）的异化。第一，雇佣工人进行劳动，但却得不到自己的劳动成果，“国民经济学把工人只当作劳动的动物，当作仅仅有最必要的肉体需要的牲畜”[1]，就像驴子一样，它虽然劳动，但并不享受占有劳动成果的权利，它得到的只是一把草料，工人的命运也是如此。“劳动为富人生产了奇迹般的东西，但是为工人生产了赤贫。劳动创造了宫殿，但是给工人创造了贫民窟。劳动创造了美，但是使工人变成畸形。劳动用机器代替了手工劳动，但是使一部分人回到野蛮的劳动，并使一部分工人变成机器。劳动生产了智能，但是给工人生产了愚钝和痴呆。”[2]第二，劳动本身由享受变成了折磨。“他在自己的劳动中不是肯定自己，而是否定自己，不是感到幸福，而是感到不幸，不是自由地发挥自己的体力和智力，而是使自己的肉体受折磨，精神遭摧残……劳动的异己性完全表现在：只要肉体的强制或其他强制一停止，人们会像逃避瘟疫那样逃避劳动。外在的劳动，人在其中使自己外化的劳动，是一种自我牺牲、自我折磨的劳动。”[3]第三，劳动使得人的本质发生了逆转，

---

[1]（德）马克思：《1844年经济学哲学手稿》，北京：人民出版社，2000年，第15页。

[2]同上，第54页。

[3]同上，第54—55页。

人在从事体现人的本质的活动（即劳动）时，觉得自己活得不像人（像个牲畜），而当人从事不体现人的本质的活动时，反倒找回了做人的感觉。“结果，人（工人）只有在运用自己的动物机能——吃，喝，性行为，至多还有居住，修饰等等的时候，才觉得自己是自由活动，而在运用人的机能时，却觉得自己不过是动物。动物的东西成为人的东西，而人的东西成为动物的东西。”[1]第四，劳动导致人被物化，成为商品，人际关系也被打上了商品拜物教的印记。工人在工场劳动时，不是作为一个自然人，一个有生殖力的雄性动物，而是作为一个商品、物件，甚至是“工具”。所以，工人在劳动中被剥夺了一切的男性气质，工作之于工人，具有“阉割”的功能。只有当他面对妻子时，“‘在家里’，他在性行为——作为他的被贬抑的表达和他的类存在的复活中——既是被激活了的又是被雄性化了的。”[2]可以毫不夸张地说，劳动就是阉割，工作就是卖淫。“作为劳动者，与妇女被等同于妓女一样，男人可以被描述为‘工资的娼妇’……男人和女人的身体都代表了可替代性劳动，在这一意义上，它们都可以被认为是同等地妓女化了的。”[3]马克思说：“你必须把你所有的一切都变成可以出卖的，也就是说，变成有利可图的。如果我向国民经济学家提问：当我从出让自己的身体来满足别人肉欲方面来取得金钱时，我是不是在遵从经济的规律（法国

[1]同上，第55页。

[2]（美）温迪·林恩·李：《马克思》，陈文庆译，北京：中华书局，2014年，第54页。

[3]同上，第64页。

工厂劳动者把自己妻女的卖淫称为额外的劳动时间，的确是名副其实的）。”[1]

将人从劳动的苦役之中解放出来，是获得自由并复归人性的重要保障。“国民要想在精神方面更自由地发展，就不应该再当自己的肉体需要的奴隶，自己的肉体的奴仆。因此，他们首先必须有能够进行精神创造和精神享受的时间。劳动组织方面的进步会赢得这种时间……法国有人计算过，在目前的生产状况下，每个有劳动能力的人平均劳动时间为每日五小时，就足以满足社会的一切物质利益。”[2]因此，在通往共产主义社会的道路上，有一个具体的坐标参数，那就是劳动时间。工人组织一开始的最直接的奋斗目标，就是缩短劳动时间。“在英国，在 19 世纪早期，一个男子平常的日工作时数是 15 小时；儿童有时候干一样多的时间，最一般的是干 12 小时。”[3]英国工人无产阶级经过长期的斗争，终于在 1847 年争取到了每天 10 小时的工作制。马克思在《共产党宣言》中提到此事时说：无产者组织“利用资产阶级内部的分裂，迫使他们用法律形式承认工人的个别利益。英国的十小时工作日法案就是一个例子”。[4]而恩格斯在 1890 年为《共产党宣言》所做的序言中说道：“今天

---

[1]（德）马克思：《1844 年经济学哲学手稿》，刘丕坤译，北京：人民出版社，1979 年，第 89—90 页。

[2]（德）马克思：《1844 年经济学哲学手稿》，北京：人民出版社，2000 年，第 15—16 页。

[3]（英）罗素：《悠闲颂》，李金波、蔡晓译，北京：中国工人出版社，1993 年，第 6 页。

[4]（德）马克思、恩格斯：《共产党宣言》，北京：人民出版社，1997 年，第 37 页。

我写这个序言的时候，欧美无产阶级正在检阅自己第一次动员起来的战斗力量，他们动员起来，组成一支大军，在一个旗帜下，为了一个最近的目的，即早已由国际1866年日内瓦代表大会宣布、后来又由1889年巴黎工人代表大会再度宣布的在法律上确立八小时正常工作日。”[1]到了1933年，美国率先确立了每周40小时工作时间的五天工作制，即实施“双休日”。半个多世纪过后，从1995年5月1日开始，中国终于也开始实施“双休日”制度了。

对于缩短工作日的意义，马克思有过这样的论述：“群众的剩余劳动不再是发展一般财富的条件，同样，少数人的非劳动不再是发展人类头脑的一般能力的条件。于是，以交换价值为基础的生产便会崩溃，直接的物质生产过程本身也就摆脱了贫困和对抗性的形式。个性得到自由发展，因此，并不是为了获得剩余劳动而缩减必要劳动时间，而是直接把社会必要劳动缩减到最低限度，那时，与此相适应，由于给所有的人腾出了时间和创造了手段，个人会在艺术、科学等等方面得到发展。”（《马克思恩格斯全集》第46卷下，第218—219页）缩短劳动时间，是克服异化劳动的手段，也是实现共产主义社会的手段。“共产主义是私有财产即人的自我异化的积极的扬弃，因而是通过人并且为了人而对人的本质的真正占有；因此，它是人向自身、向社会的即合乎人性的人的复归，这种复归是完全的，自

[1]同上，第20页。

觉的和在以往发展的全部财富的范围内生成的。”[1]对于未来的理想社会，马克思有过这样的畅想：“在共产主义社会里，任何人都没有特殊的活动范围，而是都可以在任何部门内发展，社会调节着整个生产，因而使我有可能随自己的兴趣今天干这事，明天干那事，上午打猎，下午捕鱼，傍晚从事畜牧，晚饭后从事批判，这样就不会使我老是一个猎人、渔夫、牧人或批判者。”[2]

马克思的一生始终在为自由而奋斗。如果说作为共产主义社会特征的“自由个性”是其整个理论事业的终点，那么，“言论自由”则是其全部工作的起点。人民出版社的《马克思恩格斯全集》第一卷的第一篇文章题为《评普鲁士最近的书报检查令》[3]，他在此文中提倡言论自由，并对专制政府的书报审查制度进行了猛烈的抨击。

## 91. 言论自由

记得鲁迅在他的某篇杂文中表达了这样的感慨：出于善意的建议和批评，如果措辞稍微激烈，就会遭到打击报复；即便

[1]（德）马克思：《1844年经济学哲学手稿》，北京：人民出版社，2000年，第81页。

[2]（德）马克思、恩格斯：《马克思恩格斯选集》（第1卷），北京：人民出版社，1995年，第85页。

[3]第91节《言论自由》部分所引马克思言论，均出自此文，不再另行标注出处。

是要给对方设置陷阱和圈套，只要有足够的修辞技巧，也会被轻易接受。古代的圣人深谙此中意味，躺在病榻上的曾子推心置腹地对孟敬子说："君子所贵乎道者三，动容貌，斯远暴慢矣；正颜色，斯近信矣；出辞气，斯远鄙倍矣。"(《论语·泰伯》)曾子一生临深履薄、战战兢兢，除了敬畏大人、圣人，也敬畏恶人、恶狗，说句话大气都不敢出，生怕惹怒了谁，扯掉自己几根头发，从而有亏孝道。

依照心理学中著名的"7∶38∶55"规律，人际交流沟通的成功，言语传达的内容起到7%的作用，38%在于语气和手势等辅助动作，55%来自情绪感染。若从进化论的角度看，人身上还有93%的成分与禽兽类似，只有7%的成分为人类独有，难怪孟子说"人之所以异于禽兽者几希"。我曾对我家的大黑狗做过实验，我笑着轻声说："死狗！"结果它对我摇尾巴。我突然大喝一声："吃吧！"它却吓得缩了缩狗头。如果那条狗会提意见的话，它一定会要求我要注意自己言论的风格；如果它手握大权的话，很有可能会把这种要求变成法律。

马克思当然不愿意接受普鲁士政府的这种要求，他认为过度关注真理的形式，会让人们忽略真理的内容。给真理穿上统一的官方制服，就等于是在扼杀真理。真理就像光明一样，从来就不知道什么是谦逊。对于作家而言，放弃自己的风格，就等于自杀。

反对言论自由的人可能会说：无论是言论的风格还是言论的内容，都会暴露作者的倾向和意图，对于讽刺的格调和敌对的意图，就应该加以限制。问题是，倾向和意图是推论出来的，很难设定客观的标准。比如，有商人好心为一位武士指出他身上有一个跳蚤，结果被那武士转身一刀给劈死了。因为武士推定：跳蚤是寄生在牲畜身上的，别人说他身上有跳蚤，就是在拐着弯骂他是畜生。[1] 再举一例，李白的《蜀道难》是纯粹的景物描写还是隐含了政治讽刺呢？“朝避猛虎，夕避长蛇，磨牙吮血，杀人如麻”这样的句子中，“虎”和“蛇”是指谁呢？根据推定的意图去惩罚人，只能导致恐怖主义。马克思说：“这样一来，作者就成了最可怕的恐怖主义的牺牲品，遭到了涉嫌的制裁。追究倾向的法律，即没有规定客观标准的法律，是恐怖主义的法律；在罗伯斯庇尔执政时期，国家在危急情况下所制定的就是这样的法律，在罗马皇帝们在位时期，国家在腐败不堪的情况下所制定的也是这样的法律。凡是不以当事人的行为本身而以他的思想作为主要标准的法律，无非是对非法行为的实际认可。”翻看谢苍霖先生的《三千年文祸》一书，不禁唏嘘，中国文人因言获罪的历史源远流长。嘴的言论功能和吃饭功能始终形同水火，似乎有不共戴天之仇一般。要想活着好好吃饭，就得废除言论功能；要想自由发表言论，就得放弃吃饭的权利。这两项功能，马克思不仅想为自己的嘴保留下来，同时也想让全人类都享有此基本人权，他无疑是伟大的。

反对言论自由的第二个常见论调是：如果允许错误的言论公开传播，会蛊惑人心、败坏青年，给社会带来难以估量的危害。那么，是否要设置一个机构来审查和监控人民的思想？由谁来负责为思想和言论的正误与否制定标准并开列清单呢？马

[1]（日）新渡户稻造：《武士道》，张俊彦译，北京：商务印书馆，1993 年，第 48 页。

克思认为，这样的做法会陷入自相矛盾："你们要求谦逊，但你们的出发点却是极大的不谦逊，你们竟把个别官员说成是能窥见别人心灵和无所不知的人，说成是哲学家、神学家、政治家，并把他们同德尔斐城的阿波罗相提并论。你们一方面要我们把尊重不谦逊作为义务，但另一方面又禁止我们不谦逊。"穆勒（John Stuart Mill，1806—1873）在《论自由》一书中说，任何人都不可能是绝对无误的。哪怕是古罗马哲学家皇帝奥勒留（Marcus Aurelius，121—180），也会在自己统治的时代出现迫害基督教徒这样的悲剧。换一个角度来讲，人们之所以会被蛊惑，恰好是因为缺少言论自由。长期生活在单一世界观和价值观的浸染之中，会导致人们丧失独立思考的能力和批判精神。穆勒认为，如果正确的言论遭到了禁绝，我们就会失去一个真理。即便是错误的言论，一旦被剥夺了自由发表的权利，也是人们的一种损失。因为大家失去了一个宝贵的机会，以便让真理与谬误交锋，从而加深对于真理的认识。"等到战场上已没有了敌手，则无论教师或生徒，就都在自己的位置上去睡大觉了。"[1]失去了对立面作为镜鉴，真理与谬误的边界反而模糊了，真理最终常常沦落为教条。进一步讲，即便有人因为听信了所谓错误的言论而做出不道德、不合法的行为，也不能因此去禁绝言论自由或惩罚言论者。如果有人听闻了"万法皆空"的说教而自杀或出家，我们不应该去怪罪释迦牟尼。《周易·系辞》中有"慢藏诲盗、冶容诲淫"的说法，人们只能谴责或惩

[1]（英）约翰·穆勒：《论自由》，孟凡礼译，桂林：广西师范大学出版社，2011年，第47页。

罚“淫”者和“盗”者，而决不能去惩罚“慢藏”者和“冶容”者。“慢藏”不能成为偷盗的理由，“冶容”不能成为淫乱的借口，同样，被思想“蛊惑”的人没有资格迁怒于发表自由言论的人。

反对言论自由的第三个常见理由如下：言论自由是造谣和诽谤的温床，保护言论自由等于是在为虎作伥，所以要适当地对人们的思想和言论进行监控、审查。我当然反对造谣诽谤和传播虚假信息，因为造谣诽谤虽然使用语言作为主要的传载工具，但却应该被划分到行为的领域，而不是言论。任何一个支持言论自由的人，也不至于认为电信诈骗和虚假广告应当受到法律的保护。相反，一些行为虽然没有使用语言，也要被划入言论范畴。比如美国历史上著名的约翰逊焚烧国旗案，被美联邦最高法院裁决无罪，因为约翰逊的行为被视为一种“象征性的言论”(symbolic speech)，是一种表达行为。[1]另外，在诽谤罪的认定上，宁可从宽，切勿从严，即一定要坚持“实际恶意”（actual malice）的原则，而不能以“推定恶意”为依据。所谓的实际恶意，即明知真相，却要故意传播虚假信息。如果要以诽谤罪起诉别人，就必须证实别人的“实际恶意”。马克思认为，禁止辱骂和人身攻击的副产品就是：剥夺了公民对官员的监督权力。“既不准报刊对官员进行任何监督，也不准报刊对作为个别人组成的某一阶级而存在的机构进行任何监督。”再则，我们要区分“冒犯”（offence）与“伤害”（harm），不

[1] 任东来、陈伟、白雪峰等：《美国宪政历程：影响美国的25个司法大案》，北京：中国法制出版社，2013年，第372—373页。

能因为一个人自我感觉别人的思想言论冒犯了自己，就试图对别人进行惩罚。比如，一个人对孔子的思想大张挞伐，那么，儒家的信徒就会有被冒犯的感觉。他同样可以在言论自由的前提下，与不同观点的人进行辩论，而不是进行打击报复，甚至把自己的思想提升为官方思想，一切有悖儒家思想的言论则被视为违法行为。马克思说，如果一个国家通过法律来打击言论自由，那就说明这个国家被一小撮人给绑架了。“一些人有权干另一些人无权干的事情，这并不是因为后者缺乏什么客观品质（像小孩子不会缔结条约那样），不，不是这样，而是因为他们的善良意图，他们的思想遭到了怀疑……在某个机关自诩为国家理性和国家道德的举世无双的独占者的社会中，在同人民根本对立因而认为自己那一套反国家的思想就是普遍而标准的思想的政府中，当政集团的龌龊的良心却臆造了一套追究倾向的法律，报复的法律，来惩罚思想，其实它不过是政府官员的思想。”

或许有人说，何必要保护言论自由，真理自身就可以战胜谬误。“认为真理仅仅凭其为真理，就天然具有抵御错误的力量，能够战胜地牢与火刑，乃是一种空洞无凭的侥幸心理。人们对于真理的热情并不一定就强过谬误，法律或社会惩罚的多次运用，总是能成功地阻止无论真理还是谬误的传播。”[1]

或许有人认为，任何思想都是无罪的，但言论却不能拥有同等的自由，甚至会将追求言论自由当作思想贫乏的证明，“人

---

[1]（英）约翰·穆勒：《论自由》，孟凡礼译，桂林：广西师范大学出版社，2011年，第32页。

们几乎从未运用已经拥有的自由，比如思想自由；相反倒去要求什么言论自由。”[1]克尔凯郭尔似乎忘了，思想是无声的言论，而言论不过是有声的思想。哪里被剥夺了言论自由，哪里就注定了思想的贫乏。《思想自由史》一书的作者伯里指出，私底下的思想自由简直毫无价值。“如不允许思考问题的人与他人交流思想，他本人会感到很不满足甚至很苦恼，而对于周围的人来说显然也没有价值。并且，要把已支配了一个人的头脑的思想隐藏起来是极其困难的。如果一个人思考的结果使他对那些制约周围人们行为的观念和习俗发生怀疑，反对他们所信奉的信仰，寻求改善他们所遵循的生活方式，如果他确信自己的推论是正确的，要他默不作声，或只偶或言之，或只泛泛而谈，而不暴露自己与众人不同之处，不同意他们的见解，那几乎是不可能的。过去有一些人，像苏格拉底，宁死也不肯隐瞒他的思想，现在有些人也会这么做。因此，思想自由如有什么有价值的意义，应是包括言论自由在内的。”[2]

---

[1]（丹）彼得·罗德编：《克尔凯郭尔日记》，姚蓓琴、晏可佳译，北京：商务印书馆，2015 年，第 11 页。

[2]（英）J.B. 伯里：《思想自由史》，周颖如译，北京：商务印书馆，2012 年，第 1 页。

# 92. 自由与科学

听一位美国的大学教授说，如果加利福尼亚州被看作一个国家，其GDP总量可以排在世界第七位，仅次于英国，稍高于法国。加州有包括波音在内的飞机制造业，包括丰田在内的汽车制造业，当然，也有硅谷所代表的电子产业等。据说一架波音飞机可以换一亿条裤子，足见一个国家的复兴和进步，不能仅仅依靠造裤子和造房子，没有高科技的发展和创新，就很难成为世界潮流的引领者。比如，当今世界，谁最先开发出智能汽车驾驶软件，并能够在短期内市场化，进行廉价推广，谁就能在汽车制造行业独领风骚。一旦新技术出现，就会使一个国家在军事、经济和民生等方面占尽优势，从而逼迫技术落后的国家不得不尾随其后，亦步亦趋。如果他们不追随先进的科技，就会面临各种不利局面；如果他们想要减少差距，又会被科技先进的国家牵着鼻子走。这个世界的执牛耳者不是制造产品的国家，而是制造“需求”的国家。

单独地呼吁“创新”，未必能见到实效，因为要想结出“创新”的宝葫芦，就得培养适合葫芦生长的土壤。这土壤就是自由，“而在野蛮的君主制所必然产生的压迫和奴役之下，科学绝不可能成长。在这种君主制下，唯独人民受到官吏权力的约束，而官吏却不受任何法律或法规的约束。这种性质的无限专制，当其存在的时候，它扼杀了一切进步，阻碍人们获得知识，这种知识是在由于更好的政策和更加节制权力而产生的有利条件下教育人们必不可少的。”[1]在论及中国时，休谟进一步指出：“中国是个大帝国，人民讲着同一的语言，受治于同一的法律，赞许同一的生活方式。像孔夫子这样的导师，其思想权威易于传遍全国。没有人敢于抗拒当时盛传的主张。后人也不敢辩驳其祖先一直接受了的观点。看来这就是科学为何在这个伟大的帝国中进展甚为缓慢的一个客观原因。”[2]伯里则在通观人类争取思想自由的历史之后说：“如果说文明的历史曾给我们什么教训，这就是：思想与道德的进步，有一个完全是人类本身力所能及的最高条件，这就是思想和讨论的完全自由。建立这种自由制度，可以认为是现代文明最有价值的成就，并且应看成是社会进步的基本条件。”[3]斯宾诺莎持同样的观点，他认为“这种自由对于科学与艺术是绝对必需的，因为，若是一个人判断事物不能完全自由，没有拘束，则从事科学与艺术，就不会有什么收获”。[4]

事实上，除了哲学家，科学家也同样重视自由对于科学的意义。爱因斯坦在其《自由与科学》一文中说道：“因为科学工作是一个自然的整体，它的各个部分彼此相互支持着，虽然支

[1]（英）休谟：《休谟政治论文集》，张若衡译，北京：商务印书馆，2010年，第68页。

[2]同上，第71页。

[3]（英）J.B. 伯里：《思想自由史》，周颖如译，北京：商务印书馆，2012年，第149页。

[4]（荷兰）斯宾诺莎：《神学政治论》，温锡增译，北京：商务印书馆，1963年，第274页。

持的方式还没有人能预料到。但是科学进步的先决条件是具有不受限制地交换一切结果和意见的可能性——在一切脑力劳动领域里的言论自由和教学自由。我所理解的自由是这样的一种社会条件：一个人不会因为他发表了关于知识的一般和特殊问题的意见和主张而遭受到危险或者严重的损害。这种交换的自由是发展和推广科学知识所不可缺少的，这件事有很大的实际意义。首先它必须由法律来保障。但单单靠法律还不能保证发表的自由，为了使每个人都能表白他的观点而没有不利的后果，在全体人民中必须有一种宽容的精神。这种外在的自由的理想是永远不能完全达到的，但如果要使科学思想、哲学和一般的创造性思想得到尽可能快的进步，那就必须始终不懈地去争取这种自由。”[1]

## 93. 自由与道德

卢梭说：“放弃自己的自由，就是放弃自己做人的资格，就是放弃人类的权利，甚至就是放弃自己的义务。对于一个放弃了一切的人，是无法加以任何补偿的。这样一种弃权是不合人性的；而且取消了自己意志的一切自由，也就是取消了自己行

[1]（美）爱因斯坦：《爱因斯坦文集》（第3卷），许良英、赵中立、张宣三等译，北京：商务印书馆，1979年，第179—180页。

为的一切道德性。”[1]从形而上学的层面讲，没有自由意志，就无从谈论道德。在现实中，没有真自由，就没有真道德；限制或剥夺了人们的自由，只会造就一个伪善的社会：充满谎言和欺骗；人们自私且冷漠；扭曲的人性被奉为道德的圭臬。

首先，一个缺少自由的社会必将充满谎言和欺骗。试图将原本具有异质性的社会规范为具有同质性的一块铁板，未必就能够增强其稳固性，具有异质性的合金通常更为坚固。差异性和多元性并不是破坏和谐的因素，反而是造就和谐与稳定的基础。像希特勒那样的独裁者，显然认识不到这一点，他逼迫人们统一在纳粹党旗的引领之下。然而，要统一所有人的思想，比统一人的行为更为困难。“人的心是不可能完全由别一个人处置安排的，因为没有人会愿意或被迫把他的天赋的自由思考判断之权转让与人的。因为这个道理，想法子控制人的心的政府，可以说是暴虐的政府，而且规定什么是真的要接受，什么不是真的不接受，或者规定什么信仰以激发人民崇拜上帝，这可算是误用治权与篡夺人民之权。”[2]当人们被迫向希特勒和纳粹党旗宣誓效忠的时候，他们未必是在表达自己内心中的真实情感。出于生存的渴望，同时也是出于对于失去生计的恐惧，人们不得不表达自己原本不具有的情感，宣扬自己原本不认可的理念。谁若口无遮拦、直言不讳，谁就将受到惩罚，被社会放逐。于是，撒谎就成了个人被社会接纳的首要条件，成了极权社会之

---

[1]（法）卢梭：《社会契约论》，何兆武译，北京：商务印书馆，2003年，第12页。
[2]（荷兰）斯宾诺莎：《神学政治论》，温锡增译，北京：商务印书馆，1963年，第270页。

中首要的生存技能。一本正经地说自己完全不认可的话也是一种纳税行为，有人称之为“话语捐税”。斯宾诺莎指出，“即令自由可以禁绝，把人压制得除非有统治者的命令他们都不敢低声说一句话；这仍不能做到当局怎么想，人民也怎么想的地步。因此，其必然的结果是，人们每天这样想，而那样说，败坏了信义（信义是政治的主要依靠），培养可恨的阿谀与背信，因此产生了诡计，破坏了公道。”[1]

柏拉图认为统治者有权撒谎，不过是认为目的之良善可以洗白手段之罪恶。这里的错误在于没有区分善恶评判的对象是个体还是群体。对于个人的行为，我们评判其善恶的标准，通常是看其目的与动机，而结果则常常居于次要地位。比如，在量刑上，过失杀人罪显然要比故意杀人罪轻得多。然而，对于一个社会群体，我们绝不能以领导人的动机或目的去评判历史事件的善恶，评判标准必须是结果，即它造成的社会影响。为什么呢？因为唯其如此，才能够防止独裁者在善的旗号下作恶，防止有人拿独夫民贼口中的几句动听的话语，来论证千千万万人的惨死是光荣的。我们不能以口号是否高尚来判定是非善恶，只要它导致全民族的道德败坏，导致撒谎和欺骗成为生存技能，我们就不接受这种理论。

其次，一个缺少自由的社会将使人丧失社会责任感，从而变得自私冷漠。纳粹统治下的极权社会犹如铁板一块，社会的各个领域都不得不“通力合作”以配合恶势力。极权社会下的人们由于缺乏选择的自由，通常会把自己视为是政治机器上

[1] 同上，第275页。

的一个零件，比如一颗螺丝钉。负责对犹太人实施“终决方案”的纳粹党卫军高级将领艾希曼（Adolf Eichmann，1906—1962）于1961年被公开审判，他在耶路撒冷的法庭上就是这样为自己开脱的。将自己视为“零件”的观念等于是将个体人应该承担的道德或法律责任全部抛给了群体，抛给了社会机构或政治机器。人们通常将服从权威当作政治的首要美德，否则任何政治体都无法生存。阿伦特（Hannah Arendt，1906—1975）指出，在儿童那里需要服从的事情，在成人那里则需要征求他们的同意。“服从”的观念将个人消解在群体和权威之中，从而弱化了个人的责任感。“故而，向那些参与罪行并服从命令的人提出的问题绝不应该是‘你为何服从’，而应该是‘你为何支持’……如果我们能够把‘服从’这个毁灭性的词语从我们的道德和政治思想词汇中剔除，那我们就会受益匪浅。”[1]不加反思地服从传统和习俗，盲目地遵循道德教条和政治权威，可以让一个人具有德性的外表，却无法实现德性的真实内涵。现实生活中的艾希曼谦逊诚恳、循规蹈矩。艾希曼那样的人之所以犯下罪行，并不是因为他具有根深蒂固的邪恶本性或天赋，而是因为他那缺乏思想深度的“服从”的“美德”。阿伦特用“恶的平庸性/肤浅性”(banality of evil) 来分析艾希曼的罪行，即一种缺乏反思的“思想匮乏”(thoughtless) 状态。

美国社会心理学家米尔格拉姆（Stanley Milgram，1933—1984）对于艾希曼这样简单到只知道服从命令的人感到震惊，

[1](美) 阿伦特:《反抗“平庸之恶”》，陈联营译，上海：世纪出版集团，2014年，第71页。

他试图弄明白为什么极权体制下的人们会如此盲目地犯下集体的罪行。他并没有去德国进行田野调查，而是进行了一项著名的“电击实验”。该实验对象被试分为两组，即学生和教师。由教师负责考查学生对词汇的记忆能力。凡是学生回答错误的时候，就通过电击进行惩罚。随着答错题目的增加而提升电压，由最低的15伏一直到最高的450伏。扮演老师的人提前被告知了升高电压的危险性：极可能导致学生被电击致死。当然，学生和老师分处不同的房间。事实上，学生根本没有受到电击。但在实验过程中，“有65%没有成功记住词汇的‘学生’得到的惩罚都达到了最强电击水平”。[1]人们一旦认为自己在执行命令、在“服从”权威，承担道德责任的反思能力就受到极大的抑制。

让人感到可喜的是，无论在“电击实验”中还是在德国法西斯的统治之下，总有一些良心未泯的人能够坚持原则，拒绝向邪恶的权威低头。“他们自问，在已犯下某种罪行之后，在何种程度上仍能够与自己和睦相处；而他们决定，什么都不做要好些，并非因为这样世界就会变得好些，而是因为，只有在这种条件下他们才能继续与自己和睦相处。故而当他们被逼迫去参与时，他们就会选择去死。不客气地说，他们拒绝去杀人，并不是因为他们仍坚持‘你不得杀人’这一戒条，而是因为他们不愿意与一个杀人犯——他们自己——共存。”[2]可喜之余又

[1] 刘华：《社会心理学》，杭州：浙江教育出版社，2009年，第256页。

[2]（美）阿伦特：《反抗“平庸之恶”》，陈联营译，上海：世纪出版集团，2014年，第69页。

让人感到可悲，因为在密不透风且无处遁身的极权体制下，自杀或许是留给头脑清醒者的唯一的自我拯救的途径。普通人要想活着，就得放弃批判、怀疑和反思的天性，让自己被汹涌的历史潮流挟裹而去，并假定自己是身不由己的，因此也无须为自己负责，更无须为他人和社会负责。缺少自由的社会之所以邪恶，就是因为它会把人变得自私且冷漠，目睹随处可见的不公正以及他人的苦难，却能够做到面无表情、安之若素。

最后，一个缺少自由的社会将导致人性的扭曲，把各种变态心理奉为道德。波普尔（Karl Popper，1902—1994）认为，国家控制道德生活，是氏族禁忌的残留形式，“禁忌严格地规定和支配生活的一切方面。它们不会留下许多空白。”[1]比如毕达哥拉斯，他谆谆告诫人们不要吃豆子。在被人追杀时，遇上一片横在面前的豆子地，于是他就停了下来，宁愿被捉也不愿意违背自己的教导。结果，他自己被割断了喉管，追随他的弟子也死了40多人。[2]为遵守禁忌去死是高尚的，就像为遵守道德而死一样。无法区分私人领域与公共领域是原始社会的特质，这种氏族禁忌到了中世纪演变为“政教合一”。只不过在中国的中世纪，与政治统治合一的不是宗教的“教”，而是道德教化的“教”。

中国历史上政府树立的道德典范，通常不是死人，就是

---

[1]（英）波普尔：《开放社会及其敌人》，陆衡等译，北京：中国社会科学出版社，1999年，第323页。

[2]（古希腊）第欧根尼·拉尔修：《名哲言行录》，马永翔、赵玉兰、祝和军、张志华译，长春：吉林人民出版社，2011年，第488页。

心理变态。母亲生病了本来想喝一碗驴肉汤，结果多少人割了自己腿上的肉。丈夫死了，妻子跳河殉葬；国君死了，大臣绝食殉葬；为了守护主人的一点尊严，奴婢以死相争……民国时期蔡振绅编著的《八德须知》中有大量的此类历史故事和传说。没有法治和人权做保障的道德说教，总是会沦为自杀的说教——要么要求人直接放弃生存的权利；要么要求人放弃快乐生活的权利，也即慢性自杀。

说人性是趋乐避苦的，大体不错。如果有人争辩说，生命的意义就在于变着花样折磨自己，我认为自己没有能力，也没有义务去说服他改变观点。然而，如果一个人发现自己经受的苦难毫无意义，他就会因为无谓地浪费了生命而加深了自己的痛苦。相反，美化自己的苦难经历，反倒会好受些。由于《孔子家语·六本》中记载的“曾子耘瓜”的故事，让我有理由相信《孝经》是曾子所作。因为除草时误斩瓜秧，结果他父亲曾点一棍子把他打晕在地。他苏醒之后居然问他老爹：“刚才没累着你吧？”我不相信被棍子打晕是愉快的体验，但是，在此种父权的笼罩之下成长，如果不把自己的痛苦经历加以神圣化，将是一种有口难言的痛苦。如果“孝”被提升为天理，那么，曾子被打晕的经历就成了一笔人生财富，在给自己带来心理安慰的同时也为自己赢得了美誉。施虐狂通常也是受虐狂，他们美化自己的受虐经历，并将自己的变态心理提升为天经地义的道德规范，这样就可以心安理得地虐待他人了。

在一定社会阶段中，国家本能地意识到了以道德代法治的好处，因为那个做父亲的人可以举着“道德”的棍棒尽情去做违法的事情。然而，自 2016 年 3 月 1 日起，我们开始正式实施《中华人民共和国反家庭暴力法》，道德与法治的区分清晰了，历史进步了！

## 94. 积极自由的困境

洛克认为，一个站在悬崖旁的腿脚完好的人有跳下去的自由，因为他有能力完成这个动作；但当他落到半空中却想要返回原处的时候，他就是不自由的，因为他的能力无法满足自己的意欲。哈耶克（Friedrich August von Hayek，1889—1992）则从与“奴役”相对的角度来理解自由。他认为，即便一个攀岩者被困悬崖之上，他也是完全自由的，因为他并没有受到他人意志的强制。[1]哈耶克对自由的理解可以被归于消极自由的类别。积极自由与消极自由这两个概念的区分，始于以赛亚·伯林（Isaiah Berlin，1909—1997），前者主要是指人们对于自我管理、自我掌控的追求，而后者则是强调留给个人最低限度的空间，可以免遭他人或社会的入侵。虽然各派自由主义的捍卫者对于最低限度的个人自由所列的清单不同，比如，言论自由、信仰自由和私有财产权等，但大家一致认同，“不管这个保留地多么小，只要入侵它，都将是专制。”[2]伯林认为，追求消极自由相对比较安全，而过分追求积极自由很容易走向极权。

---

[1]（英）哈耶克：《自由秩序原理》，邓正来译，北京：三联书店，1997年，第5页。
[2]（英）伯林：《自由论》，胡传胜译，南京：译林出版社，2003年，第194页。

积极自由追求对于生命的自主权，这就暗含着一种自我的分裂。我们通常并不认为一个酗酒、吸毒的人是自由的。齐宣王对孟子说，“寡人有疾，寡人好色”（《孟子·梁惠王下》），可见生命被低级的情欲掌控的人，自己也会认为这是一种需要医治的疾病。因此，追求积极自由的人，会用理性的原则来压制盲目的情欲，就像“子夏胜肥”（《韩非子·喻老》）一样，取得了天人交战的胜利，所以才心宽体胖。结果，人自身就被分为两个部分：先验的、主导性的控制者和需要加以约束的激情和欲望。被自己非理性的愿望驱使是不自由的表现，所以，从外部充满欲望和诱惑的经验世界回撤，退回到自己固若金汤的精神城堡之中，就成了实现自由的途径。无论是庄子“举世誉之而不加劝、举世非之而不加沮”的真人，还是孟子心目中成功做到“三不能”的大丈夫，都是通过对低级自我的否定而实现解脱之道。历史上形形色色的禁欲主义者和宗教人士也大都采用这条路径。将自己没把握得到的东西视为自己并非真正想要的东西，这被伯林直斥为酸葡萄学说。“禁欲主义的自我否定也许是正直、平静与精神力量的源泉，但是我们却难以理解它何以是自由的一种扩展。就像我退守家门并关闭所有出口，以此来保护自我、抵抗敌人一样，我也许比被敌人活捉更自由，但是我会比击退并活捉敌人更自由吗？如果我们更进一步，把我自己收缩至更小的空间，我将因窒息而死。毁掉一切可能使我受伤害的事物，其逻辑结果就是自杀。”[1]

理性主义的信徒会把自己的这种内在的生活原则应用到社

---

[1] 同上，第210页。

会群体之中，无论中国还是西方，“身国同构”的理念为这种类比推理提供了理论基础。被强制服从的孩子并没有受到奴役，因为这种强制符合孩子自身真正的利益。在孩子的理性处于前启蒙状态的时候，对于什么是他们真正想要的东西，他们没有能力做出判断和选择。同理，对于那些没有受过足够的教育的人，那些理性没有真正发展成熟的人，强迫他们服从专家或圣贤所发现和制定的准则，并不是在剥夺他们的自由，而是在成就他们的自由。

对“强迫自由”思想的危险后果，伯林直言不讳，他说：“这便是每一个独裁者、掠夺者与恶魔在寻求为其行为开脱时都使用的论证。我们应该为人们（或与他们一起）做他们做不到的事情，而且我不可能征得他们允许或同意，因为他们不具备知道什么对他们来说最好的条件；他们允许或接受的东西，可能意味着一种可鄙的平庸，甚或意味着他们的毁灭或自杀。”[1]走向专制和极权是积极自由容易陷入的困境，因为政治的首要义务是为民除害而不是为民兴利，要为公民营造适度的自由生活的空间，至于什么是真正的幸福，最好留给个人来裁定和选择。

---

[1]同上，第222页。

# 95. 自由的重负

尼采在《作为教育家的叔本华》开篇处写道："有人问一个去过许多国家、游历过几大洲的旅行家，世人的共性是什么，他回答说，他们都有懒惰倾向。有些人觉得他还可以换一种更正确更有效的说法：他们都胆怯。他们躲藏在各种习俗和观点后面。其实，每个人都很清楚，作为独一无二的创造物，他只有一生一世，而且绝不可能再度出现如此奇妙的偶然，把如此神奇的杂多组合成他现在这种统一体。这个道理他很清楚，但像亏心事一样藏而不露——为什么？他畏惧邻人，因为他们要求他遵循惯例，他们自身也披着传统的外衣。可是，究竟有什么东西让个体畏惧邻人，使他在思想和行动上追随大流，对自己的天性反倒忧心忡忡？对个别人和少数人而言，也许是羞涩使之然。但多数人是因为安逸、疏懒，一言以蔽之，就是旅行家所说的懒惰倾向。他说得对，懒惰甚于胆怯，他们最畏惧的，恰恰是绝对的诚实和袒露必将带来的负担。"[1]

每个人都只能成为自己，而不可能是别人，但这个自明的真理对于很多人而言，却是沉重的负担。他们宁愿做其他的一切事情，却唯独不愿做真正的自己。由于个体是和谐统一的有机体，

[1]（德）尼采：《悲剧的诞生》，赵登荣、范文芳、黄燎宇译，桂林：漓江出版社，2000年，第213页。

每个人的生命不容嫁接，被砍下的手臂和装上的义肢都不再是生命的构成部分，因为它们已经同个体分离。我们也应该从“个体”的英文构成上看出这一点，即 individual=in（否定前缀）+divide（分裂、分割）。然而，当我们审视自己的生命的时候，会发现自我常常是一个拼凑起来的杂碎，用一个皮囊包括起来而已，我们从历史的、文化的、国家的、族群的等等众多流行产品的商店里，买来了自己的忠心、孝心、羞耻心、爱国心……我们宁愿通过闲聊政客的生活、明星的生活来填充自己的生命，却唯独不愿意沉静下来，让自己的精神成为自我的真正主宰。

培根在《论真理》这篇散文中说，要让化装演出和假面舞会显得优雅高贵，人造的灯烛之光显然要比自然的阳光更有效果。正是因为人们从骨子里喜欢假象，所以，获取真理就变得异常艰难。对于不少人来说，一旦清空了自己心灵中的假象，头脑就空虚和干瘪得可怜，并会因此憎恶自己的嘴脸。说谎是为了躲避他人，而不求甚解的平庸生活则是在躲避自己。梭罗说，大部分人都生活在平静的绝望之中，唯一的不同就在于如何粉饰自己的绝望而已。

哲学要求人们直面自我，在心灵中检视旧观念，接受新思想，但思想是可怕的。“人们对思想的恐惧甚于对于其他一切的恐惧，甚于破产，甚至超过对死亡的恐惧。思想具有颠覆性、革命性、破坏性，会引起可怕的后果，思想对权势、对既定的制度和令人安逸的旧习惯毫不留情。”[1]

[1]（英）罗素：《人类为何而战》（英文版），纽约：世纪出版集团，1917 年，第 178-179 页。

罗素眼中的那些畏惧思想甚于畏惧死亡的人，在弗洛姆（Erich Fromm，1900—1980）看来，即逃避自我、逃避自由的人，只不过弗洛姆称之为“受虐狂者”，“惊恐的个人寻求某人或某物，将自己与之相连，他再也无法忍受他自己的个人自我，企图疯狂地除掉它，通过除掉这个负担——自我，重新获得安全。受虐冲动便是实现这个目标的方式之一。受虐冲动的方式各异，但其目的只有一个：除掉个人自我，失去自我，换句话说，就是要除掉自由的负担。”[1]

## 96. 生命的战场

然而，人是被命定自由的，生命与自由互为表里、如影随形，断无孤立存在的道理。放弃自由，就是放弃做人的资格。“谁也无法专门为你建造一座跨越人生之流的大桥，此事非你莫属。尽管有许多的道路、桥梁、半神都想把你背负过河，但这得以你自己为代价，你得典当自我，失去自我。”[2]所以，我们必须肩负起自我生命的事业，在生命之河流中，亲自操舵航行。

有些活着的人的精神，总是试图掌控我们；甚至有些死去

[1]（美）弗洛姆：《逃避自由》，刘林海译，北京：国际文化出版公司，2002年，第108页。

[2]（德）尼采：《悲剧的诞生》，赵登荣、范文芳、黄燎宇译，桂林：漓江出版社，2000年，第215页。

的人，也阴魂不散，他们的精神像幽灵（“精神”就是“幽灵”，即 spirit）一般依然在大地上游荡，时刻准备寻找合适的附体对象。“诚实者的英雄气概，就在于他有朝一日不再是玩具。”[1]不再被异己的力量所控制，从而丧失自我。“神的事业是神的事业，人的事业是‘人’的事业。我的事业不是神的事，不是人的事，也不是真、善、正义和自由等等，而仅仅只是我自己的事，我的事业并非是普通的，而是唯一的，就如同我是唯一的那样。对我来说，我是高于一切的！”[2]这样一种对自我生命价值的肯定貌似十分极端，然而，一旦我们放松了对这一原则的坚守，在各种堂皇的理由伪装下的杀人冲动就会汹涌而至。

肯定自我、热爱生命，将生命自身的价值放在至高无上的位置，承认生命的纯洁和无辜，不接受任何形式的异化和本末倒置。伯夷死名于首阳之下，盗跖死利于东陵之上，二者事业不同，名声异号，然于残生害性均也。无论是为精神理念而牺牲，还是为物质财货牺牲，都是将生命当成了外物的殉葬品，因此，庄子喟叹说：“天下尽殉也！”（《庄子·骈拇》）孔子讲“克己复礼”，但目的不在于压制人的欲望，恰好相反，如荀子所说，制定礼仪，是为了“养人之欲，给人之求”。(《荀子·礼论》）但是，当人们宣称“饿死事极小，失节事极大”的时候，礼（和理）就成了杀人工具；当人们在追求真理和实现理想社会的名义下，拿起刀枪屠杀生命的时候，那真理就是恐怖主义的

[1]同上，第 245 页。

[2]（德）施蒂纳：《唯一者及其所有物》，(英文版)，纽约：自由图书俱乐部，1963 年，第 342 页。

渊薮。

施蒂纳认为："一个思想，只有当我无论何时都不再顾虑可能会导致它的破灭时，只有当我不再把它的失去当成是一种损失乃至自我迷失时，才算真正为我所拥有。"[1]当代美国学者乔尔·斯普林格（Joel Spring）在其献给施蒂纳的著作《脑中之轮》中评论说："与那些为个人所拥有并以之来为个人谋福利的思想不同，作为大脑中的轮子而存在的思想或信仰则是占有了个人。大脑中的轮子控制了个人意识并且利用个人，而不是被个人所利用。"[2]

的确，我们自身就是一个战场，各种力量在其中相互较量以期取得统治性的胜利，而我们的使命便是在自身战胜时代的弊病，保持生命的自由和自主。诚如德勒兹所言："不过哲学并不是一种权力，而宗教、国家、资本主义、科学、法律、舆论、电视等等，都是权力……由于那些权力并不仅仅满足于停留在外部世界，还渗入到我们每个人的内心世界，所以我们每个人都在通过哲学不断地同自我进行谈判和游击战。"[3]在自身战胜时代，是每个人义不容辞的使命。

[1]（德）施蒂纳：《唯一者及其所有物》（英文版），纽约：自由图书俱乐部，1963年，第342页。

[2]（美）乔尔·斯普林格：《脑中之轮》，贾辰阳译，北京：北京大学出版社，2005年，第65页。

[3]（法）吉尔·德勒兹：《哲学与权力的谈判——德勒兹访谈录》，刘汉全译，北京：商务印书馆，2000年，扉页。

# 后记

本书中所有章节的内容，我都在课堂上讲过多次。目前只有前七讲转化成了文字，后面九讲的内容分别为：谁推动历史；财产权问题；理想社会；正义与道德；爱情哲学；说梦；论孝道；生活的态度；艺术的精神。我希望在不久的将来，这后边几章的内容也能够与读者见面。

中国学生对西方哲学的接触和了解太少，一方面是因为大学只有研究生阶段才开设西方哲学的专业和课程，另一方面是因为语言的障碍。很多汉译的哲学作品，读起来比英文原著都更加艰涩，虽然这并非全然是译者水平的问题。在我还是个学生的时候，就告诉自己：如果有一天我做了老师，我一定要把自己曾经想从老师那里得到却没能得到的东西，竭尽全力奉献给自己的学生。

《七堂极简哲学课》便是这种努力的结果，它有如下几个特点：第一，将广度与深度相结合。本书以问题为中心，进行专题式讨论，避免教科书式的面面俱到。第二，将整体与部分相结合。每个专题分为多个小节顺序展开，但同时争取让每个小节都能够独立成篇，读者可以进行跳跃式阅读。第三，将知识与趣味相结合。在坚持所言皆有出处的原则的同时，尽量选取风趣的故事做例证，不强求行文风格的整齐划一。

需要做个说明的是：本书并没有宣扬任何既定的价值观，书中的一切观点都是为了培养独立精神和批判思维的能力。即便我明确表示，“我认为……”，那也只是自己思想的一个方面或一个阶段的表现，很多时候，并非最终结论。我是一个“搬运工”，把我珍视的众多哲学思想搬进自己的脑子，然后再搬到课堂上，而今又搬到了纸上。我也是一个“学者”，即终身的学习者。因此，感谢所有给本书提出批评和建议的人，是他们给了我一个学习机会。

首先要感谢刘志红编辑，多谢她为本书的成功出版所做的一切工作。感谢岳哥慨然作序，平日里向他请教最多。最后，要特别感谢我的妻子张华玉，是她在默默无闻地支持着我的事业。

贾辰阳

2016年12月6日